Lüse Weilai Congshu

本丛书编委会

王 励　王利群　魏汉军

门丽霞◎编著

绿色未来丛书

公共道德：
知识与责任

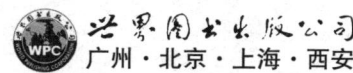

世界图书出版公司

广州·北京·上海·西安

图书在版编目（CIP）数据

公共道德：知识与责任／《绿色未来丛书》编委会
编著．—广州：广东世界图书出版公司，2009．12 （2024.2 重印）
（绿色未来丛书）
ISBN 978－7－5100－1466－6

Ⅰ．①公…　Ⅱ．①绿…　Ⅲ．①公民教育：社会公德教
育－中国－青少年读物　Ⅳ．①D648．3－49

中国版本图书馆 CIP 数据核字（2009）第 216982 号

书　　名	公共道德：知识与责任 GONG GONG DAO DE ZHI SHI YU ZE REN
编　　者	《绿色未来丛书》编委会
责任编辑	韩海霞
装帧设计	三棵树设计工作组
出版发行	世界图书出版有限公司　世界图书出版广东有限公司
地　　址	广州市海珠区新港西路大江冲 25 号
邮　　编	510300
电　　话	020-84452179
网　　址	http://www.gdst.com.cn
邮　　箱	wpc_gdst@163.com
经　　销	新华书店
印　　刷	唐山富达印务有限公司
开　　本	787mm×1092mm　1/16
印　　张	13
字　　数	160 千字
版　　次	2009 年 12 月第 1 版　2024 年 2 月第 7 次印刷
国际书号	ISBN　978-7-5100-1466-6
定　　价	49.80 元

前　言

　　所谓公德，就是公共道德。说得具体一些，就是在公共场合下人人都必须遵守的规则、规程、秩序或习惯，即约定俗成的东西。所谓公德意识，就是要有在公共场所里履行和遵守这些约定俗成的思想、观念和自觉性。公德意识的有无或强弱，是一个人综合素质的具体体现，它代表一个人的修养水平和文明程度。对一个民族或国家来说，公民的公德意识如何，直接与该民族或国家的经济、政治、文化发达程度息息相关，因此，公德意识是民族和国家的形象。社会公德是社会生活中最简单、最起码、最普通的行为准则，是维持社会公共生活正常、有序、健康进行的最基本条件，是全体公民在社会交往和公共生活中应该遵循的行为准则，也是作为公民应有的品德操守。它的表现形式是人们对善与恶、荣与辱、美与丑等现象的认识、判断能力。在迈向现代化的进程中，社会公德比以往任何一个历史时代都更为重要。社会公德具有维护和保障社会生活正常进行的功能，对于培养人的高尚品质，养成良好的道德习惯，树立良好的社会道德风尚，创造安定团结的社会环境，促进精神文明建设的发展，都具有十分重要的意义。《公民道德建设实施纲要》用"文明礼貌、助人为乐、爱护公物、保护环境、遵纪守法"二十个字，对社会公德的主要内容和要求作了明确规范。我们所介绍的公德意识是围绕着文明礼貌，遵纪守法和环境保护这三大篇进行的，助人为乐和爱护公物也包含在这三大篇中。

文明礼貌是中华民族的优秀传统，是人们在日常人际交往中应当共同遵守的道德准则。在人们的互相交往中，和悦的语气、亲切的称呼、诚挚的态度等等，是相互尊重、友好的表现。俗话说："良言一句三冬暖，恶语伤人六月寒。"因此，讲文明礼貌能促进人们的团结友爱，是沟通人与人之间情感的道德桥梁。

法律是对公民行为的必要约束及规范，是对道德的补充。自觉遵守法律法规、纪律，是社会公德最基本的要求。公共生活中人们要能顺利地进行社会活动，就必须要有规矩可循，就必须遵循一定的行为规范。每个社会成员既要遵守国家颁布的有关法律、法规，也要遵守特定公共场所的有关规定。人们只有依照法律、法规及纪律的有关规定行事，才不妨碍他人的正常活动，也才能保障自己所要从事的某项活动；才不会社会和他人造成损失和伤害，保持社会公共生活相对稳定和谐，并保证社会的健康发展。遵纪守法反映了人们的共同要求，体现了人们共同的利益。

环境问题，是当前国际社会普遍关注的热点问题。近年来，黄河的长时间断流，沙尘暴的频频发生等一系列环境问题所带来的危害，使人们越来越清醒地认识到：环境和资源是人类生存和发展的基本条件。能不能有效地保护环境，关系到每个公民的生活质量和切身利益，关系到人们的安居乐业，关系到我们的子孙后代能否持续发展。保护环境，就是保护我们自己。保护环境不仅是我国的一项基本国策，也是社会公德的一项基本要求。

公德意识不是空泛的口号，因为它根源于社会，显现于社会，尤其更体现在一些小事上。小不忍则乱大谋。生活中的点点滴滴仿佛露珠，它能折射出道德的光芒。公德意识实际上也要求我们在日常的一些小事中做个有心人。如果有了这种意识，那么我们在社会公共场所将不会再看到随地吐痰、踩踏草坪、攀折花卉、乱扔废弃物等不文明现象；如果有了这种意识，人人能够自律、自觉，那么我们将会看到社会的净化和美化。时代要求我们每个人不断增强公德意识和规则意识，从我做起，从小事做起，树立良好的社会道德风尚。

编　者

CONTENTS

目 录

文明礼仪篇

一、家庭生活 ……………………………………… /2

　（一）尊敬长辈，孝敬父母 ………………… /2

　（二）关爱兄弟姐妹 ………………………… /5

　（三）处好邻里关系 ………………………… /7

　（四）生活勤俭节约 ………………………… /10

　（五）做合格的宠物饲养人 ………………… /13

　（六）懂得家宴礼仪 ………………………… /15

二、校园生活 …………………………………… /18

　（一）尊敬老师 ……………………………… /18

　（二）关心同学 ……………………………… /22

　（三）热爱集体 ……………………………… /24

　（四）仪容仪表 ……………………………… /26

　（五）课堂礼仪 ……………………………… /29

　（六）其他场所的礼仪 ……………………… /32

三、社会生活 ·· / 35

    （一）文明用餐 ·· / 35

    （二）文明交通 ·· / 39

    （三）文明旅游 ·· / 42

    （四）做好"上帝" ······································ / 45

    （五）尊重别人 ·· / 48

    （六）诚实守信 ·· / 52

    （七）乐于助人 ·· / 54

    （八）有责任心 ·· / 56

    （九）懂得感恩和包容 ···································· / 59

    （十）学会拜访礼仪 ······································ / 62

    （十一）知晓接待礼仪 ···································· / 65

    （十二）"礼"尚往来 ···································· / 69

遵纪守法篇

四、了解自身享有的权益 ······································ / 73

    （一）人身自由权和平等权 ································ / 73

    （二）生命健康权 ·· / 78

    （三）财产权 ·· / 81

    （四）隐私权 ·· / 84

    （五）荣誉权 ·· / 87

（六）受教育权 …………………………………………… /89

五、做遵纪守法的小公民 ………………………………… /92

（一）维护国家统一和民族团结 ……………………… /92

（二）遵守公共秩序 …………………………………… /95

（三）爱护公共财产 …………………………………… /101

（四）保护知识产权 …………………………………… /104

（五）保护国家文物 …………………………………… /107

（六）保护野生动物 …………………………………… /110

（七）远离毒品 ………………………………………… /113

（八）远离网吧 ………………………………………… /118

（九）远离暴力犯罪 …………………………………… /123

（十）同违法、犯罪行为作斗争 ……………………… /127

环境保护篇

六、善行从家里开始 ……………………………………… /131

（一）节约家庭用电 …………………………………… /131

（二）选购节能家电 …………………………………… /135

（三）节约用水从小事做起 …………………………… /139

（四）多用肥皂，少用洗涤剂 ………………………… /144

（五）拒绝使用一次性用品 …………………………… /146

（六）科学地处理垃圾 ………………………………… /148

七、穿衣戴帽要环保 …………………………………… / 152

　　（一）添置衣物要适量 ……………………………… / 153

　　（二）不过分追求穿着时尚 ………………………… / 155

　　（三）不买野兽皮毛制作的服装 …………………… / 156

　　（四）佩戴饰品要环保 ……………………………… / 158

　　（五）选购绿色服装 ………………………………… / 160

　　（六）捐赠旧衣物 …………………………………… / 162

八、餐饮中的环保 …………………………………………… / 164

　　（一）节约粮食 ……………………………………… / 164

　　（二）肉类食物要适量 ……………………………… / 167

　　（三）拒绝食用野生动物 …………………………… / 171

　　（四）不乱采乱食野菜 ……………………………… / 175

　　（五）少买罐装食品、饮品 ………………………… / 179

　　（六）选用大瓶、大袋装的食品 …………………… / 182

九、减少"行"的污染 ……………………………………… / 183

　　（一）尽量乘坐公共交通工具 ……………………… / 183

　　（二）倡步行，骑单车 ……………………………… / 187

　　（三）多走楼梯，少乘电梯 ………………………… / 189

　　（四）倡导绿色旅游 ………………………………… / 190

　　（五）不随地吐痰 …………………………………… / 192

文明礼仪篇

自古以来，中华民族就非常讲究礼仪。古代就有大礼三百小礼三千，因此，我们国家被称为文明古国和"礼仪之邦"。早在两千多年前，孔子就说过："质胜文则野，文胜质则史。文质彬彬，然后君子。"意思是：一个人只有质朴的品格而不注重礼节，就会显得粗野；只注重礼节而缺乏质朴的品格，就会显得虚浮。只有礼节和质朴的品格相结合，才是一个有教养的人。孔子还说："不学礼，无以立。"意思是：学生就应该衣冠整齐，走有走的样子，坐有坐的姿势，待人接物彬彬有礼。

文明礼貌，代表着一个国家、一个社会的道德水准和文明程度，反映着一个人的觉悟和素质，体现在每个人的一言一行中。上下级之间、长辈与晚辈之间、师生之间、同学之间、朋友之间、同志之间都有一个文明礼貌问题。尊老爱幼、互相关心是礼貌，敬礼、握手、问候，既是礼貌，也是文明的体现。许多行业规范服务用语，大力倡导"您好""谢谢""再见"等文明用语，使人倍感亲切和温暖。

一、家庭生活

家庭就是以血缘关系，包括收养关系为基础、婚姻关系为纽带、以人口生产为特征的，共同生活、共同消费的社会基本组织单位。家庭是社会生活的细胞，家庭成员间的社会关系、道德关系、法律关系、经济关系、血缘关系、思想关系及社会责任，千丝万缕地将成员联系成为一个极其紧密的群体。有无家庭文明，直接关系到全社会的安定和文明。因此，在家庭生活中讲究文明对社会的安定和文明有着至关重要的作用。在家庭生活中讲文明礼貌，首先要尊重孝敬长辈，其次还要关爱兄弟姐妹，除此之外，还要在生活上勤俭节约，做合格的宠物饲养人，懂得家宴礼仪。

（一）尊敬长辈，孝敬父母

冯玉祥将军不仅是个著名的爱国将领，还是个远近闻名的孝子。旧社会当兵是个苦差事，当兵的经常发不上军饷，逢五排十还要打靶。每到打靶的日子，父亲念其年幼身弱，总是想方设法给儿子凑几个小钱，让他买个烧饼充饥。可懂事的小玉祥知道家里日子艰难，父亲又伤了腿，正需补补身子。但如果不要这钱，父亲会生气。于是他就把父亲给的钱一个不花，攒了起来，过些天再把自己平时省下的一点饷钱凑在一起，到肉店买了两斤猪肉，请假回家给父亲烧了锅焖猪肉。父亲见后顿时生疑，便质问这肉的来历。冯玉祥深知父亲的严厉，只好如实道来。听后老父亲一把拉过懂事的孩子，一句话也说不出，眼泪扑簌簌地掉了下来。

父母长辈给了我们生命，养育了我们，父母长辈给予我们的爱是无私的，我们生长的点点滴滴都凝结着父母的心血，孝敬父母，尊敬长辈，是做人的本分，是天经地义的。因此，任何一个有道德、有良知的人，在处理自己与长辈之间的相互关系时，都应当将孝敬长辈作为立足之点。

青少年与长辈相处，要谦恭有礼，长幼有别。对待长辈，必须尊重有加，处处以礼相待。不论在任何情况下，都绝对不允许自己的一言一行失敬于长辈。不要随意同长辈打打闹闹，乱开玩笑。至于成心取笑长辈，有意令其难堪，则更不应当。与长辈打交道时，一定要讲礼貌，守规矩，时时刻刻按照礼仪规范行事。应当特别注意的是：不管是当面，还是背后，在提及长辈之时，务必要使用尊称。不论长辈是否允许，都不应当直呼其名。另外，随意使用诸如"老头儿""老太婆""老爷子"之类的谑称去称呼长辈，都是有失尊重的。

尊敬长辈还要懂得倾听长辈的心声，不要顶撞长辈。在我们的成长过程中，离不开长辈的培养。当长辈对我们进行教导时，我们应认真接受，洗耳恭听。因为无论从哪一方面来看，长辈对晚辈的管教，都是其爱心的具体表现，因此我们要懂得倾听长辈的心声，对于正确的意见认真接受，尽量采纳，对与我们不同的意见，我们要等长辈说完后和颜悦色地提出来，而不应当当场顶撞长辈，无理狡辩，或是弃之不顾。即使是在表面上显得不耐烦，亦是非常失礼的。

尊敬长辈更要对长辈抱有感恩之心，关心长辈。对于长辈的"滴水之恩"，我们自当"涌泉相报"。父母不仅要养育我们，而且要照顾家庭，可想而知，他们的负担是很重的，因此我们要减轻父母的负担，不要事事让父母操心，处处让父母出力。我们应尽量的承担一些力所能及的家务劳动，如每天收拾整理自己的房间，自己动手整理学习生活用品等等，不能凡事都找父母帮忙解决，更不要所有事情都靠父母替我们料理。

如果我们是与祖父母或外祖父母一起生活，我们应懂得照顾老人，要知道他们非常需要晚辈的帮助和照料，因此我们要多与他们交流，让他们尽享天伦之乐。如果没有与祖父母或外祖父母生活在一起，我们一定要经常抽空前去探访他们，争取为其排解孤寂之感。没有时间去的话，也要多打电话，多问候老人。

尊敬长辈还要记住对父母长辈有特殊意义的节日，如父母长辈的生日，父母的结婚纪念日，父亲节，母亲节等，并适时以合适的方式表达对父母的祝贺和问候，可以是一句话、一首歌、一件小礼物，这些都可以给父母带来欢乐，都是关心父母的表现。

 经典语录

夫孝，天之经也，地之义也。——《孝经》

解读：孝是天经地义的。

孟子曰："不得乎亲，不可以为人；不顺乎亲，不可以为子。"——《孟子·离娄上》

解读：孟子说："（在舜的眼中看来）儿子与父母亲的关系相处得不好，不可以做人；儿子不能事事顺从父母亲的心意，便不成其为儿子。"

（二）关爱兄弟姐妹

有三兄弟，平日里关系十分密切，父母去世后，三兄弟关于分财产的事也没有争议，所有财产分成三份，每人得一份。但院子里一棵生长了多年的银杏树，三兄弟不知如何分才能公平。最后，实在没主意，兄弟三人只好决定把树从上到下分成三截，每人取一段。到了分树的那天，三兄弟却发现，昨天还好好的树，今天却全部枯萎了，枝条也像被烧过一样，干裂粗糙。三兄弟看到这种情况，若有所悟，树尚且不愿把同根生长的根、茎、树干和树梢分割开来，更何况是血脉相连的兄弟呢。

自此以后，三兄弟再也不提分家的事，和和气气的生活，生活当然是越来越好。

这虽是一则故事，却给了我们一定的启示，作为兄弟姐妹，只有同心同力，团结友爱，才能过上更好的日子，家庭生活才更和睦。

我们的生活需要亲情、友情的滋润。然而，很多同学却越来越无法享受兄弟姐妹这种同胞的手足之情，甚至开始怀疑这种亲情是否存在。古人云："人不可无群。"在我们的大家庭中，对兄弟姐妹更要以礼相待，尊重关爱。因此，我们在和兄弟姐妹相处时首先要尊重对方，其次要对兄弟姐妹怀有一颗真诚的心，再者也要懂得谦让，要对兄弟姐妹宽容，不要斤斤计较。

哥哥姐姐要以身作则，做弟弟妹妹的榜样；弟弟妹妹则要尊重哥哥姐姐，不以小自恃，认为自己一切都可以优先。

哥哥姐姐在弟弟妹妹遇困难时，要耐心诚恳地帮助他们；弟弟妹妹则要把哥哥姐姐当作自己的知心人，遇到问题要主动寻求他们的帮助。

《我的兄弟姐妹》剧照

弟弟妹妹犯了错，哥哥姐姐应当"晓之以理，动之以情"，不要呵斥他们，更不要伤害他们的自尊；弟弟妹妹则不能自恃年小，受宠，向父母告哥哥姐姐的状。

在兄弟姐妹的相处中，不要耍小聪明，说话不真，待人不诚，说话做事不要弯弯绕；不要吝啬小气，兄弟姐妹的东西随便用，自己的东西他们却不可以用；不要唯我独尊；自以为是，盛气凌人，喜欢指手画脚，把自己的意见强加于兄弟姐妹身上，完全不顾他们的感受。

经典语录

煮豆燃豆萁，豆在釜中泣；本是同根生，相煎何太急！——曹植

解读："萁"是指豆茎，晒干后用来作为柴火烧，萁燃烧而煮熟的正是与自己同根而生的豆子，比喻兄弟逼迫太紧，自相残害，实有违天理，为常情所不容。"本是同根生，相煎何太急"二语，意为兄弟本为手足，不应互相猜忌与怨恨。这首诗千百年来已成为人们劝诫避免兄弟阋墙、自相残杀的普遍用语。

(三) 处好邻里关系

刘家和宋家是邻居，刘家嫌宋家的花盆妨碍他们走路，就和宋家发生了争吵；宋家不甘示弱，仍把花盆放在那里。谁知两天后宋家心爱的花被拔，宋家为此大为恼火，打伤了刘家的人。两家从此结下了仇，相互提防，上班心里也不踏实。一天，刘家的两个人在家休息，宋家的人生怕家里出事，一走神结果出了工伤事故。

邻里关系是每个人都会碰到的一种普遍关系，好的邻里关系等于为自己添了左膀右臂，在困难的时候，可以得到邻里的帮助，在日常生活中可以使思想得到沟通。反之，不好的邻里关系会招出许多麻烦。

"远亲不如近邻"，这句话差不多人人都会说，但真正把"近邻"处得比"远亲"还亲，并不是件容易事。邻里之间为一棵树、一堵墙、一条路以及树叶遮阳、空调滴水等"鸡毛蒜皮"的小事红脸乃至诉讼公堂的事，也时有发生。邻里关系淡了、远了，以致对门邻居"鸡犬之声相闻，老死不相往来"，小偷撬门还以为是主人回家等等。因此，我们要处理好邻里关系，要加强团结，互相帮助。邻里之间需要共同努

楼上扔下的垃圾，让楼下的邻居不堪其扰

力，做到相互尊重、体谅和关心。

尊重，这是处好邻里关系最起码的准则。早晚相见，要热情打招呼；唠起家常，要推心置腹。特别要注意的是，不能在邻居间扯"长舌"，说闲话，以免引起无原则的纠纷，影响邻里团结。

邻里间还要做到互相体谅。人们的兴趣爱好不一样，生活习惯也不尽相同。邻居中起来早的可能会惊动起来晚的，睡得晚的又可能会影响睡得早的。但是，只要能处处为别人考虑，体谅别人的困难，就会少给别人添麻烦，也不会因别人给自己带来的一点干扰而不满。如我们在使用音响等设备时，要掌握好音量，以免影响邻居休息。俗话说："人敬我一尺，我敬人一丈。"体谅所得到的回报，必然也是体谅。斤斤计较的后果，必然是让人看不起，邻里关系紧张。

邻里之间在相互尊重、体谅的基础上，还应努力做到相互关心。邻里是生活中接触最多的人，相处时间较长，少则几年，多则十几年，甚至几十年，应该建立起深厚的友谊和感情。邻居家有了困难，应当积极无私地予以帮助；邻居家有了病人，应当尽力热情地给予关照。我们应当尊敬邻居家的长者。如发生矛盾，应讲清道理，以理服人，又要讲究方式方法。平时应严以律己，宽以待人。

邻里之间居住地的公共部位要共同爱护，保持整洁，不要乱抛垃圾杂物；住在楼上的居民，不可随意向楼下倾倒污水、杂物；平时浇花、晒衣服时注意不要让水滴到楼下晒的被子上，不要随意拍打棉胎或衣物，以免弄得灰尘飞扬；要固定好放在阳台上的花盆等物品，以免被大风刮落，发生意外事故。

经典语录

家庭和为贵，邻里睦是金。

出入为友，邻里相亲，守望相护，难处相扶。

（四）生活勤俭节约

周恩来总理勤俭节约的故事，妇孺皆知，成为美谈。他一贯倡导勤俭建国、艰苦奋斗，要求"一切招待必须是国货，必须节约朴素，切忌铺张华丽、有失革命精神和艰苦奋斗的作风"。朱光亚同志曾回忆过这样一则故事：

1961年12月4日召集专门委员会对当时第二机械工业部的一个规划进行审议，会议从上午开到中午还没结束，周总理留大家吃午饭。餐桌上是一大盆肉丸熬白菜、豆腐，四周摆几小碟咸菜和烧饼。周总理同大家同桌就餐，吃同样的饭菜。

这个故事至今听来仍让人觉得很有教育意义。在周总理身上，这样的例子数不胜数。

1962年夏，周总理到辽宁省视察工作，刚一住下，就从口袋里掏出一张纸，交给负责接待的同志，说："上面写的东西都不能做。"原来，这张单子开着20多种禁吃的菜名，鸡鸭鱼肉之类都包括在内。

正是这一桩桩、一件件小事，铸就了他们伟大的人格魅力，使之成为中华民族传统美德的化身！

勤俭节约是中国人的一种传统美德，是中华民族的优良传统，"历览前贤国与家，成由勤俭破由奢"。小到一个人、一个家庭，大到一个国家、整个人类，要想生存，要想发展，都离不开"勤俭节约"这四个字。可以说修身、齐家、治国都离不开勤俭节约，诸葛亮把"静以修身，俭以养德"作为"修身"之道；朱子将"一粥一饭，当思来之不易；半丝半缕，恒念物力维艰"当作"齐家"的训言；毛泽东以"厉行节约，勤俭建国"为"治国"的经验。

从小培养勤俭节约的习惯

然而，随着我国国力的增强和生活的改善，有些人把勤俭节

11

约的优良传统丢了。当前社会上超越现实、盲目攀比的畸形消费；斗富摆阔、一掷千金的奢靡消费；过度包装、极度美化的蓄意浪费；"长明灯""长流水"的随意浪费等现象比比皆是、不胜枚举。有的同学会产生这样的疑问："现在我们的生活这样好了，还需要勤俭节约吗?"答案是："当然需要。"勤俭节约是一种美德，也是一种精神，它不以物质是否丰富为前提。生活贫困要勤俭节约，生活富裕也要勤俭节约。

我们要节约每一粒米，做到每顿不浪费，饭菜不随意倒掉，树立勤俭节约的美德。适时适量供应零食，尽量少吃零食。

我们要节约每一滴水，提倡一水多用，避免大开水龙头，用水后要拧紧水龙头，避免水龙头滴水现象。

我们要节约每一张纸，不随便丢弃，能做草稿纸的要留着做草稿纸，养成双面用纸的好习惯，不浪费任何一张纸。尽量少用餐巾纸，多用手绢和抹布。

我们要节约每一度电，提高节电意识，随手关灯，人走灯灭，人离扇停。外出时关闭室内的各种用电设备，彻底杜绝长明灯现象。

我们要节约每一分钱，减少一次性物品的使用，合理利用废物。避免资源浪费和环境污染，减少一次性物品（如纸杯、筷子、塑料袋等）的使用。

我们要提倡节俭，把握好吃穿用度。培养良好的生活习惯，提倡合理、适度消费。

经典语录

锄禾日当午，汗滴禾下土。谁知盘中餐，粒粒皆辛苦。——李绅《悯农》

解读：农夫在中午的炎炎烈日下锄禾，滴滴汗珠掉在生长禾苗的土中。又有谁知道盘中的饭食，每一粒都是这样辛苦得来。

俭节则昌，淫佚则亡。——《墨子·辞过》

解读：节俭就会昌盛，淫佚享乐就会败亡。

（五）做合格的宠物饲养人

随着人们生活水平的提高，越来越多的人将闲暇时间用于饲养各类宠物。宠物不仅能给人的生活增添许多乐趣，更成为部分人感情的寄托。但是，随着宠物特别是宠物犬的增多，因宠物犬伤人而引发的人身损害赔偿纠纷案也日益增多，不论是受害人还是宠物主人都因此而平添了许多的烦恼。

根据北京市卫生局的统计，2007 年上半年，因被犬、猫等动物咬伤或抓伤的已达 92698 人次，同比上升 33.7%。同时，已出现 2 例因被犬咬伤后未及时诊疗而引发狂犬病死亡的病例。宠物伤人的主要原因是，宠物数量逐年增加，部分养犬人遛犬时有不束犬链等违规行为，增加了犬伤人的可能性。

这告诉我们宠物对人造成的伤害已提升到法律的层面上，作为宠物的饲养人应对宠物造成的人身伤害负责任。除此之外，我们在饲养宠物的同时也会不知不觉的给周围的人造成困扰。例如，宠物的叫声使邻居无法休息，宠物的粪便污染了小区的环境等等。因此青少年在饲养宠物时一定要做一个合格的宠物饲养人。

宠物嬉戏

宠物主人应加强对宠物的教育和良好习惯的培养，不可对宠物太过溺爱而放任不管。

宠物主人应在宠物的脖子上戴上项圈，上面注明家里的电话号码和地址，以便宠物不慎走失了，它可以很快被人送回。

宠物到了一定的时候，宠物主人就要把它带到医院进行节育避孕的手术。因为现在的流浪宠物越来越多，这样做可以有效地减少它们的数量。

晚上的时候，要让宠物保持安静，以免打扰周围的人休息。

　　宠物主人在遛狗的时候一定要用狗绳把它拴住，以免小狗到处乱跑，甚至攻击他人。

　　避免小狗在公共场所大小便，对宠物在道路和其他公共场所产生的粪便，应当即时清除。

　　宠物主人要按时给狗注射狂犬疫苗。

 **经典语录**

　　埋在这片土地下的遗体，生前美丽却不虚荣，强壮却不傲慢，勇敢却不凶残，具备人类一切的美德，却毫无人性的缺点。这段话若铭刻在任何一个人的骨灰上，必为毫无意义的谀词；然而对波兹旺恩，一只狗，却是最公正的谢辞。——拜伦为其爱犬所写的墓志铭

　　对一只狗好，也许只花你一部分的时间，而它，却将一辈子回报于你。如果你愿意，狗，它知道怎样感动你的心。——嘉贝丽·文生

（六）懂得家宴礼仪

　　嘉嘉有一次去看望一个亲戚，这个亲戚见到晚辈来访非常高兴，席间，不住地用她的筷子给嘉嘉夹菜，一筷子接一筷子，手一套嘴一套，弄得嘉嘉应接不暇。而且嘉嘉发现，她在用餐时又

特爱用嘴喁筷子头儿，几乎每吃一口都喁一下，看得嘉嘉一个劲儿地反胃，顿时食欲皆无，还说不出来道不出来。

故事中嘉嘉的亲戚虽然对待来访的客人有极高的热情，但是却缺少一些礼仪。家里请客，准备的重点要放在一个"情"字上。周到的礼节，热情的招待，比饭菜的质量更能取得客人的好感。相对于正式宴会而言，家宴最重要的是要制造亲切、友好、自然的气氛，使赴宴的宾主双方轻松、自然、随意，彼此增进交流，加深了解，促进信任。

举杯畅饮

请客时间应当选择在大家休息的日子，在一日三餐中，我国一般以午餐为正餐，西方国家请客常在晚上。随着我国经济生活的变化，以晚餐请客的也日益增多。选择时间，应同主要客人当面商定或电话商定，其他客人可以当面、电话、书面约会或邀请。隆重的家宴可用请柬邀请，以示郑重。

客人到来，全家人都要出来表示欢迎，并殷勤接待，然后按照事先的安排，全家人分头行事，倒茶的、递烟的、叙谈的、下厨房的，显得热情融洽，使客人感到无限温暖。客人进门，主人应先备好茶或饮料招呼。

在用餐前入座时，我们应主动为长辈或客人拖出坐椅，请他们首先坐下。拖拉坐椅时尽量不发出声响，要做到轻而缓。等客人与长辈落座后，自己再从椅子边轻轻入座。

整个用餐的过程中，应注意自己的姿态，双手自然平放在桌面边缘，脚要自然落地，身体和餐桌保持适宜的距离。用餐时注意吃相，尽量从靠近或面对自己的盘中夹菜。夹菜，加汤要用勺或碟碗接着，以免把菜和汤洒到桌子上。

用餐过程中的每一道菜，应该请客人或长辈先动碗筷，不能抢在他们的前面。离客人或长辈较远的菜肴要送到他们面前，或用公筷主动给他们夹菜。

用餐完毕后，要轻轻放下碗筷，用餐巾或餐纸把嘴擦干净。如果要先离开餐桌，应该与客人或长辈打个招呼，然后轻轻离开座位。客人或长辈离开餐桌时，主动为他们拖拉坐椅。

经典语录

对饮食，勿拣择；食可止，勿过则。——弟子规

解读：对事物不要过于挑剔，不暴饮暴食，不过量。

二、校园生活

学校是一个既严肃又活泼，既庄严又亲切，既紧张又文明的地方。这就要求有合适的礼仪规范，这不仅是教师为人师表的体现，也是学生良好教养的要求。所以，学校礼仪，既是衡量一个学校文明素质的标尺，也是展现一个国家国民素质的社会窗口。

（一）尊敬老师

我国自古以来就流传着许多尊师的动人故事。大家一定知道"程门立雪"这个成语：

宋代有位名声显赫的大学问家，名叫程颐，同代人杨时对他十分仰慕，早有拜他为师之意。时值隆冬大雪，程颐正在房中睡觉，因此杨时只好在门外恭敬等候。等到程颐醒来，门外积雪已一尺多深，杨时也成为一个雪人。程颐为杨时至诚至真的精神所感动，终于收其为弟。

伟大的毛泽东同志也是尊师典范。他在徐特立先生60岁生日时写信祝贺说："您20年前是我的老师，现在仍然是我的老师，将来一定还是我的老师。"

尊师是我国的传统美德。教师呕心沥血，无私地传道、授业，用毕生精力接送一批又一批学生，为学生健康成长默默奉献着，被称为"全人类灵魂工程师"。元代关汉卿曾说过，"一日之师，终身为父"。谭嗣同说过，"为学莫重于尊师"。我们作为深受老师教诲的学生，理所当然应当热爱和尊敬自己的老师。尊敬老师，应发自内心，见之行动，其中一个重点就是对老师要讲礼节。尊敬师长，还应在礼仪上自觉地维护教师威信。

亲手为老师制作节日礼物

尊敬老师首先表现在与老师相遇时要有礼节：

早上见到老师应主动问候："老师早"；日常见面应说："老师好！"离校时应和老师说："老师再见！"一般说，和老师打招呼时要停步、立正，眼睛看着老师，待老师还礼后再离开。与老师在门口相遇，应请老师先进或先出，并主动为老师开门、关门。

遇见老师要礼让，在校内行走，特别是进出教室、上下楼梯或在其他人多地方遇到老师，应主动停下并侧身，给老师让道，千万不要和老师抢道，更不应碰撞老师。

无论是遇到教你的老师，还是不教你的老师，你都要微笑着说"老师好"，遇到两个或两个以上的老师，要说"老师们好"，眼睛要看着对方，声音要洪亮。

陪伴家长遇到老师时，一如既往地向老师问好。

其次表现在对老师的称呼要礼貌：

当面称老师，可称"老师"或在"老师"前加上姓，使用代词要用"您"。和同学及其他人谈话提及老师，可称："x 老师"，若需和其他同姓的老师相区别，可在"老师"前加上这位老师的姓名。直呼老师姓名被视为不尊重老师的行为，给老师起绰号或其他带侮辱性的称号更是错误的：在给老师的书信、贺卡、请柬等信函中，称呼也要恰当、祈祝语更要讲究。

尊敬老师还要尊重老师的劳动，老师的辛苦劳动体现在教学上，学生虚心学习，认真上好每一堂课，取得良好的学习成绩，这是对老师最大的尊重，没有什么比这更能使老师得到安慰和喜悦的了。老师的希望都寄托在学生身上，"小树成材，桃李满天下"，是教师辛苦劳动的最大偿付。

尊敬老师也体现在和老师交谈时有礼貌，学生和老师交谈，应主动请老师坐，若老师不坐，学生应和老师一起站着交谈；和老师交谈时，无论是站着还是坐着，都应该姿势端正，不可抖腿跷脚，应集中精神，双目凝视老师，不可东张西望。有不同看法时，可及时向老师请教、探讨。要虚心接受教师批评，不可当场顶撞老师。

尊敬老师就要虚心接受老师的教导，学生无论在思想上学习上遇到什么问题，都可以争取老师的指导。请求老师指导时态度要诚恳、谦虚，应选择在老师方便的时候，如果需要的时间较长，可以和老师预约时间。对待老师的教导，要虚心听取、认真思考。能接受的应立即应允，表示"明白了"；自己的意见和老师的意见有分歧，可以以诚恳的态度提出来和老师讨论。在接受老师批评时，老师说的与事实有出入，可以心平气和地作出解释，不要抢着申辩或顶撞；在陈述自己意见时不要因激动而用不适当的手势；有些误会若不便解释，要向老师提出"请您再核实一下"的请求，并向老师提供可靠的调查对象。

尊敬老师还体现在进入办公室要守规矩，进办公室要喊"报告"，听到"请进"后方可进入，不能直闯进去，即使门开着，也应该敲门，喊报告，老师请你进你再进；向老师提问要用"请问"，老师答后或者帮忙后要说声"谢谢"；如果想离开办公室，可以询问老师"我可以走了吗"，得到允许后，向老师说"再见"，再转身离开，把门轻轻关上。不随便翻阅老师办公室的东西，不私自打开老师电脑。老师的办公室里如果还有别的老师在办公，不管是否认识，向老师们说"老师们好"。

经典语录

君子隆师而亲友。——《荀子·修身》
疾学在于尊师。——《吕氏春秋·劝学》

（二）关心同学

王同学的脚后跟不小心被自行车割开了个大口子，走起路来有点跛，一向自卑的他，这时更害怕到学校会被老师、同学嘲笑。可到学校后，老师和同学都十分关心他。早操时，他不能下楼做操，呆在教室又太闷，就到走廊散步，其他班的老师都走过来问他有没有舒服点。不光是老师，同学们也很关心他。下课了，好多同学来到王同学的座位旁，给他讲笑话，哄他笑，逗他乐。放学后，还有两个同学陪他一起回家。同学的关心和爱护使得王同学觉得自己生活的校园环境是世界上最好的环境。

同学之间要共同努力

事实上，同学之间的关心不仅仅体现在同学之间的互帮互助，也体现在一句友好的问候中，一个简单的动作中。关心和被关心是我们人类的基本需要。我们接受关心，生活在关心所营造的一种氛围之中。

　　同学之间的深厚友谊是生活中的一种团结友爱的力量。校园里的同学关系是和谐、友好的，甚至是亲密的。同学之间的关系是亲情之外的一个重要的感情方面。同学之间，一起生活、学习、玩耍，一起成长、进步、成熟，这是多么难得的缘分和深厚的感情。希望得到人的关心是基本需要，你愈关心别人，你在她生活中的必要性将因之而得到增加，自然而然他也会转而关心你，一旦彼此之间互相关心，同学关系也就自然密切了。

　　我们应该像关心自己的亲人一样去关心同学、爱护同学。同学生病了，我们要主动的照顾同学、帮助同学；同学进步了、得到表扬了，我们应该为同学们高兴；同学成绩落后了，多去关心同学的哪门课程不好，对同学说些鼓励的话，慢慢地和同学去沟通，帮助同学提高；同学做错事了，不应嘲笑、冷笑、歧视，而应该给予热情的帮助，帮助同学改正。

　　我们对同学的相貌、体态、衣着不能评头论足，也不能给同学起带侮辱性的绰号，绝对不能嘲笑同学的生理缺陷。在这些事关自尊的问题上一定要细心加尊重，同学忌讳的话题不要去谈，不要随便议论同学的不是。

　　我们还要关心同学的生活困难，关注同学的痛苦，理解同学，听同学倾诉，做一个好的聆听者，同时尊敬同学，因为维持友好关系需要互相敬重，互相了解，互为依靠。最主要的是，在关系最好的时候仍然保持尊敬，这也是最难的，因为你以为关系很好了该放开了，没有芥蒂了，但是就是你认为的一些小事，虽然当时可能没事，同学也不好对你发火，但是确可能埋下不和谐的种子，这是非常可怕的。

 **经典语录**

不要靠馈赠去获得朋友。你须贡献你诚挚的爱，学会怎样用正当的方法来赢得一个人的心。

——苏拉格底

真正的朋友，在你获得成功的时候，为你高兴，而不捧场。在你遇到不幸或悲伤的时候，会给你及时的支持和鼓励。在你有缺点可能犯错误的时候，会给你正确的批评和帮助。——高尔基

（三）热爱集体

每年秋天，大雁都要飞到南方去过冬，它们往往排成 V 字形，在天空中飞行。科学家经过研究证实，如果排成队列飞行，整个雁群飞行的路程比单只大雁飞行的距离长，当一只大雁拍击翅膀时，就会为后面的大雁制造上升气流。当领头的大雁疲惫时，就会轮换到 V 字形队伍的尾部，让另一只大雁当领头雁。大雁无论何时掉了队，马上就会感觉到独自飞行的阻力，很快会回到队伍中来。

呈 V 字形的雁队

当一只大雁由于生病或受伤而掉队时，有两只大雁会随它一起飞落到地上，帮助和保护它，它们守着受伤或生病的大雁，直到这只雁出现好转或死去。然后它们会加入新的雁群或者组织自己的队伍去追赶前面的雁群。大雁尚且如此离不开集体，更何况我们人类呢？

我们每一个人都要生活在集体之中，无论是学习、工作、生活、娱乐，每个人都离不开与他人的接触与合作。个人与集体，就像鱼儿离不开水，鸟儿离不开林一样。是集体哺育了我们，是集体给了我们智慧和力量。因此我们要热爱集体，爱护集体的公共财物。

集体是一个有秩序的团体，我们每个人都要遵守集体的秩序，这样集体中的每个人才能和睦相处。热爱集体，就要加强集体观念。所谓集体观念，就是将自己置身于集体之中，把自己看成是集体中的一员，和集体同呼吸共命运。同时要维持集体的荣誉，树立集体兴，我荣；集体衰，我耻的荣辱观。

热爱集体要从一点一滴做起。在学校，不在课桌上、墙壁上

25

乱刻、乱画，不随便摔桌子、砸椅子、扔黑板擦、不踢教室门，不用石子打路灯、不破坏花草树木，等等。见到别人有破坏集体所有物的行为，要耐心劝阻。

热爱集体还包括参加集体活动不要迟到，集体乘校车时不拥挤、不抢座、讲谦让、不大声喧哗，再者不擅自离开集体，遇到问题或困难时及时找老师帮助。

热爱集体还包括在集体的活动中，如报告会、演讲会、纪念会等，不在活动现场随意走动、说笑，不打闹起哄。

经典语录

滴水只有放进大海里才永远不会干涸，一个人只有当他把自己和集体事业融合在一起的时候才能最有力量。——雷锋

只有在集体中，个人才能获得全面发展其才能的手段，也就是说，只有在集体中才可能有个人自由。

——马克思、恩格斯

（四）仪容仪表

某家招聘单位根据收到的求职材料约见两位女大学生作为预选对象，见面时，这两位女同学的衣着着装风格截然相反。一位浓妆艳抹，穿着时髦。另一位却穿得整洁、大方。应聘结果是打扮入时的女大学生落败了，落选的主要原因之一是她的着装给人的第一印象不好。

服饰仪容即是一个人审美水平的集中体现，也是文化素养的具体反映。

中国以"礼仪之邦"而屹立于世界文明之林，古人对读书人的仪容仪表要求极为苛刻，儒家甚至主张"修身齐家"是治国平天下的根本。周恩来少年时代就很注意自己的仪容、仪表、风度，在南开学校读书时曾在宿舍大立镜旁边糊了面纸做的"镜子"，写着"面必净，发必理，衣必整，钮必结；头容正，肩容平，胸容宽，背容直；气象勿傲勿暴勿怠，颜色宜和宜静宜庄。"

一个人的仪容表现的是自己的个性，但同时也要被社会所认可；也就是说仪容仪表既是给你自己看，同时也是给别人看的。只有被双方都认可那才是真正的美丽。而好多同学只是让自己认可，没有考虑到其他人的感受，甚至有的同学连自己那一关都过不了，只不过是跟随别人。别人怎样他也怎样。一个人的仪容必须符合他的年龄、身份、职业以及特定的场合，这才是真正美的仪容。

男生不留长发，不染发，并做到前不扫眉、旁不遮耳、后不盖颈。

女生应该做到不涂脂抹粉、不画眼影、不抹口红、不披头散发、不梳怪头型、不染发烫发。不准佩戴耳环、耳钉、项链、戒指等首饰。

仪表美主要体现在服饰和体姿两个方面，它不仅影响一个人的精神面貌，也反映了一个人的审美情趣。在校园中是一名学生，穿着要符合身份符合要求；穿着整齐，舒服自然，是对学生的基本要求。

校服是学校的统一标志，在校学生提倡穿着校服。穿着校服会给人一种热爱校园热爱院系的优越感，同时也代表了一个学校的精神风貌。

一般来说学生穿着以休闲装、运动装为宜，但不同场合不同时间应灵活对待，合理穿着。休闲装、运动装适合大学生的大部分活动学习生活，穿这样的衣服进办公室，去上课，去游玩都没问题。除特别规定必须穿特定的服装的场合外，休闲运动装是不会引起争议的。但在一些重要的会议、郑重的场合还是提倡穿正装。

在一些特定的场合，如实验室、宿舍等，必须按有关规定进行着装。实验室中一定要穿着简单，穿特定试验服装；宿舍中可以随意一点，但也要视宿舍环境进行着装。

 **经典语录**

冠必正，纽必结；袜与履，俱紧切。——《弟子规》

解读：帽子一定要戴端正，衣服纽扣要扣好，袜子和鞋子都要穿整齐，鞋带要系紧。

童子不衣裘裳。——《礼记·曲礼上》

解读：衣着是内心世界的展现，君子的服饰不求华美，但求整洁，因此有教养的青少年都不穿华贵的衣服。

（五）课堂礼仪

课堂上，同学们正在鸦雀无声地抄写笔记，突然，一位同学喊道："老师，你写错字了！"这一喊弄得大家哄堂大笑，也使老师很尴尬，教室里的宁静秩序被打破，同学们七嘴八舌，再也没有心思上课了。原来是老师笔误，把"帮助"写成"帮帮"了。但就因为这位同学的"直言"，这堂课就一直乱到了下课……可见，课堂礼仪对于维持良好的课堂秩序至关重要。

课堂礼仪包括上课礼仪、听讲礼仪、回答礼仪、提问礼仪、下课礼仪。

上课礼仪：

学生应提前进入教室，在课前做好充分准备，恭候老师到来，欢迎老师授课，这是一种起码的礼貌，是对老师的尊重。老师走进教室时班长要立即喊"起立"。全班同学迅速肃立，表示敬礼，向老师问好，老师还礼后，再坐下。起立、坐下时，动作要快，但要轻，不要让桌椅发出很大的声音。

学生如遇到特殊情况，不得已而在老师开始上课后才进入教室，应特别注意举止的文明和礼仪的周到。在教室门口应先停下脚步，首先喊"报告"。如果教室门关着，那就应先轻轻叩门；要在得到老师的允许之后，才能进入教室。要向老师说明迟到的原因，说话态度要诚实。应在得到老师谅解和允许后，方可入座。在走向自己的座位时，速度要快，脚步要轻，动作幅度要小。走到座位前，在放书包和拿课本时，尽量不要发出太大的响声，更不能有任何滑稽可笑的举止。在坐下之后，应立即将注意力集中起来，端坐静听老师讲课。

课堂礼仪要牢记

听讲礼仪：

课堂上，要认真听老师讲解，注意力集中，独立思考，重要的内容应做好笔记。读、写、坐姿应规范统一、科学，有利于身心健康，忌东倒西歪。

严守课堂纪律，不私下说话，不做小动作，以饱满的精神状态上好每一节课。这主要包括不吃东西、不喝水、不嚼口香糖、不听随身听、不扇扇子、不玩东西。不随意下座位、不交头接耳、不打哈欠、不睡觉。不看课外书籍，不做其他学科的作业，显示对老师劳动的尊重，不影响他人听讲，不影响教师讲课情绪。学生上课，衣着要整洁：不穿拖鞋、背心，不敞胸露怀，不穿大衣，不帽子、口罩、围巾、手套。

课堂上被批评或受了委屈，不当场顶撞，更不要强词夺理，要冷静、谅解。若老师错怪了自己，也要等到课后再解决。

回答礼仪：

课堂上，当老师提问时，应该先举手，待老师点到你的名字时才可站起来回答，切不可坐在座位上，就七嘴八舌地发言，在老师未点到自己的名字时，也不要抢先答话。发言时，要立正，态度要落落大方，不要搔首弄姿或者故意做出滑稽的举止引人发笑。声音要清晰响亮，并且应当使用普通话。有时，对老师的提问自己回答不出来，但又偏偏被点到名，这时，自己应该站起来，以抱歉的语调向老师实事求是地表明：这个问题自己回答不出来。

在别人回答教师的提问时，不应随便插话。如别人回答错了，或者回答不出时，切不可在旁边讥笑。当老师发问："有哪个同学能回答这个问题"时，自己可以再举手，在得到教师允许后，站起来回答问题。

提问礼仪：

老师不是全才，讲课中不准确、不严谨乃至错误均不可避免，学生提出质疑是应该的，对教师讲述的内容有异议时，最好下课后单独找教师交换意见，共同探讨，尽量不要在无关紧要的细节上纠缠，教师精力不济时应主动停止交谈，教师若还有上课任务，应留意给教师一点方便的时间。若在课堂上或公共场合非提不可时也要注意方式，不打断老师，必须先举手经允许后再发言，态度要诚恳谦恭，不可无礼冲撞，不可扰乱课堂秩序。

下课礼仪：

听到下课铃响时，若老师还未宣布下课，学生应当安心听讲，不要忙着收拾书本，或把桌子弄得乒乓作响，这是对老师的不尊重。下课时，全体同学仍需起立，与老师互道："再见"。待老师离开教室后，学生方可离开。

经典语录

请业则起，请益则起。——《礼记·曲礼上》

解读：向老师请教问题时，要起立以示尊敬；如果没有听懂，希望老师进一步讲述，也要起立。

待坐于先生，先生问焉，终则对。——《礼记·曲礼上》

解读：与师长在一起，师长发问，要等他把话说完再回答。

（六）其他场所的礼仪

在学校里，我们需要时时处处遵循礼仪，这就意味着我们不只是需要在课堂上遵守课堂礼仪，在课堂以外的其他校园场所，如校园内的道路上、餐厅、图书馆、宿舍等处也需要一定的礼仪，因为这些场所都是我们校园生活的重要场合。

道路礼仪：

同学们去教室，去操场，午餐，都离不开行路。在上下楼梯时，或在楼道内行走，应自觉靠右行走。如果遇到低年级小同学，主动让他们先走。人多拥挤的地方，也要礼让三分。

餐厅礼仪：

在餐厅就餐时自觉按照次序排队，不拥挤插队。不浪费粮食，随意倒饭菜。

图书馆礼仪：

在图书馆、阅览室应衣着整洁，不要穿拖鞋背心；不吃东西，不嚼口香糖；办理借还书手续及进馆要按次序；就座时，移动椅子不要发出声音；不用任何东西占座，不把自己的包放在旁边暂时没有人坐的座位上；走路时要轻，阅读时不要出声，不要和熟人交谈，更不能大声喧哗、吃零食、扔废纸；不要在阅览室睡觉；不说话或通电话，不与旁人窃窃私语；不按手机键短信发个不停。

爱惜图书馆的图书，查阅卡片和图书时要轻拿、轻翻、轻放。不能私自剪裁图书资料。不

北京大学图书馆

在书上注记或折页；对开架书刊应逐册取阅，不要同时占有多份，阅后立即放回原处，看完的书籍按照要求放在图书馆规定的位置。

宿舍礼仪：

宿舍是学生共同的家，也是反映学生精神文明和礼仪修养的一个窗口，一定要格外重视。要保持宿舍内外整洁，经常打扫寝室，包括地面、桌椅、橱柜和门窗等。被褥要折叠得整齐美观，并统一放在一定位置上，蚊帐钩挂好，床上用品要保持干净、整洁。衣服、水杯、饭盒、热水瓶等，要统一整齐地放在规定的地方。换下的脏衣服、脏鞋袜等必须及时洗干净，以免时间长了影响宿舍里的空气质量。自己重要的书、衣服、用品等，不要乱丢乱放，要放在自己的橱柜内。宿舍内外不应该乱写乱画，乱倒水，要保持干净。

应在有同学相邀，或在得到别的宿舍其他同学允许时，才可以去串门。进门后，应主动向其他同学打招呼，并且只能坐在邀你的同学的铺位上，不能随处乱坐。不能乱用别人物品，不能乱翻动别人的东西。讲话声要轻，时间要短，不能坐得太久，以免影响其他同学的正常作息。到异性同学的宿舍去，除注意上述要求外，还要注意，进门前要打招呼，在得到该室同学允许后方可进去。要选择好时间，不要选择在多数同学要处理生活问题的时候，更不要熄灯后过去。谈吐要文雅，逗留时间要更短暂。不要随便留人住宿，更不要留不明底细的人住宿，以免出问题。

不可以私翻私看别人的日记。不可以私拆、私藏别人的信。

不可以打探同学的隐私。在集体生活中，每位同学都要尊重别人的隐私权、人格，凡是别人不愿谈的事，不要去打听。当同学有亲友来访，谈一些私事时，其他同学要适当回避。决不要在一旁暗听，更不要插嘴、询问。

 **经典语录**

> 尊敬他人就是尊敬自己，与人方便就是与己方便。
> 食堂饭菜香，买饭多谦让。

三、社会生活

人生活在社会这个大环境里，离不开人与人之间的沟通、来往和交流，离不开与社会的和谐相处。学会社会生活中的一些礼仪也是我们必不可少的功课。

（一）文明用餐

在与自己的同事一道外出参加宴会时，财政局干事小姜因为举止有失检点，从而招致了大家的非议。小姜当时在宴会上为了吃得畅快，在开始用餐之后便一而再、再而三地减轻自己身上的"负担"。他先是松开自己的领带，接下来又解开领扣、松开腰带、卷起袖管，到了最后，竟然又悄悄地脱去自己的鞋子。尤其令人感到不快的是，小姜在吃东西时，总爱有意无意地咂巴其滋味，吃得訇然作响，并且其响声"一波未平，一波又起"，"一浪高过一浪"。

小姜在宴会上的此番作为，不仅令他身边的人瞠目结舌，而且也叫他的同事们无地自容。大家就此纷纷指责小姜：丢了自己的人，丢了单位的人，也丢了大家的人。

一日三餐是我们的生活习惯，每个人的生活都离不开吃饭，吃饭是大家生活的重要组成部分，如何营造一个文明、有序、温馨的就餐环境，不仅关系着每一个人的生活，而且直接体现了我们形象。因此，我们应培养文明就餐的习惯。

入座要有礼仪：

首先在入座时先请客人入座上席，再请长者入座在客人旁，依次入座，最后自己坐在离门最近处的座位上。席上如有女士，应等女士座定后，方可入座。如女士座位在隔邻，应招呼女士。在饭店用餐，应由服务生领台入座。

入座时，要从椅子左边进入，坐下以后要坐端正身子，不要低头，使餐桌与身体的距离保持在 10~20 厘米。脚不要随意乱伸，手肘不得靠桌缘，或将手放在邻座椅背上。

入座后不要动筷子，更不要弄出什么响声来，也不要起身走动，如果有什么事情，要向主人打个招呼。

用餐要有礼貌：

用餐时须有礼貌，从容安静，不能急躁。吃饭时不要出声音，如果出现打喷嚏，肠鸣等不由自主的声响时，不要对着他人，应用手或手绢等掩鼻，并对旁人说一声"真不好意思"，"对不起""请原谅"之类的话，以示歉意。

喝汤时也不要出声响，喝汤用汤匙一小口一小口地喝。不宜把碗端到嘴边喝，汤太热时凉了以后再喝，不要一边吹一边喝。

用餐时要小口进食，不要大口的塞，食物未咽下，不能再塞入口。好的吃相是食物就口，不可将口就食物。食物带汁，不能匆忙送入口，避免汤汁滴在桌布上。吃到鱼头、鱼刺、骨头等物时，不要往外面吐，也不要往地上扔，要慢慢用手拿到自己的碟子里，或放在紧靠自己餐桌边或放在事先准备好的纸上。

如吃到不洁或异味，不可吞入，也不要随地乱吐，应将入口食物，轻巧地用拇指和食指取出，放入盘中。切忌用手指掏牙，应用牙签，并以手或手帕遮掩。

遇有意外如不慎将酒、水、汤计溅到他人衣服，表示歉意即可，不必恐慌赔罪，反使对方难为情。如欲取用摆在同桌其他客人面前之调味品，应请邻座客人帮忙传递，不可伸手横越，长驱取物。

布菜取汤要用公筷公勺：

自用餐具不可伸入公用餐盘夹取菜肴。如果要给客人或长辈布菜，最好用公筷，也可以把离客人或长辈远的菜肴送到他们跟前。

取菜舀汤，应使用公筷公匙。自己手上持刀叉，或他人在咀嚼食物时，均应避免跟人说话。

如果宴请外国人最好只劝菜不布菜，因为他们可能不习惯这种方式。

食毕和离席要有礼仪：

食毕，餐具务必摆放整齐，不可凌乱放置。餐巾折好，放在桌上。

离席时，应帮助隔座长者或女上拖拉坐椅。同时必须向主人表示感谢。或者邀请主人以后到自己家做客，以示回敬。须等男、女主人离席后，其他宾客方可离席。

在餐厅要尊重服务员：

我们要尊重服务员的劳动，对服务员应谦和有礼，当服务员忙不过来时，应耐心等待，不可敲击桌碗或喊叫。对于服务员工作上的失误，要善意提出，不可冷言冷语，加以讽刺。

在餐厅要保持安静：

有些人认为自己花了钱就可以随便在餐厅吵闹。实际不然，餐厅是公共环境，我们要多想想自己的行为是否影响了别人，因为别人也有享受餐厅的环境，安静进餐的自由。所有影响到别人的行为，都是不礼貌的。如果遇到一些喜庆的场合，如婚宴，大家需要这样的热闹气氛，那么不妨选择包间，大家关上门来喝酒、说笑。

还有些人自以为负有维护餐厅安静的责任，自己呵斥喧哗吵闹的食客，这也是不对的。当遇到喧哗吵闹的客人，我们应请餐厅出面制止喧闹客人，而不应自己去制止，因为这样很容易引发纠纷，打扰了吃饭的兴致。

经典语录

倒下的是剩饭，流走的是血汗。

即使饥肠辘辘，也要风度依然。

（二）文明交通

初冬的北京，已经寒风刺骨。在东城区宽街西行的公共汽车站，没有明文规定，没有护栏通道，等车的人们自觉地排成"一"字长队。两名督导员一边协助老人和小孩上下车，一边维护乘车秩序。"现在做督导轻松多了，大家都自觉排队了。"其中一位督导员说。不用督导员的提醒，来坐车的人自然地顺着地上画的白线排起长队。"老师说坐车要遵守秩序排队。"一个戴着小黄帽的小学生安静地站在队里。"其实有没有督导，我们也应该排队，"一位年逾古稀的老奶奶说，"这样不只秩序好了，而且等车的心情也好了。"是啊，如果人人都遵守交通规则，文明交通，就能够创造良好的乘车环境。

骑自行车：

要严格遵守交通规则。不闯红灯，骑车时不撑雨伞，不互相追逐或曲折竞驶，不骑车带人。遇到老弱病残者动作迟缓，要给予谅解，主动礼让。

乘火车、轮船：

在候车室、候船室里，要保持安静，不要大声喊叫。上车、登船时要依次排队，不要乱挤乱撞。在车厢、轮船里，不要随地吐痰，不要乱丢纸屑果皮，也不要让小孩随地大小便。

文明排队，有序乘车

乘公共汽车：

应在站台上有秩序地等候。公交车进站停稳后，应让车上的乘客先下，然后依次上车，不要争抢。上车后要主动投币或刷卡买票，遇到老弱病残和怀抱婴儿的人应主动让座，以保证他们的乘车安全。当别人给你让座时，应主动向对方致谢。上车后不要抢占座位，更不要把物品放到座位上替别人占座。也不要把包放在座位上，而人站在一旁。不应该在车厢内打闹、喧哗。接电话时也要轻声。不要在车上吃东西喝饮料，以免食物溅开弄脏其他乘客。不能在车厢里乱扔果皮、纸屑。更不要携带宠物或危险违

40

禁物品乘坐公共汽车。不下车时不要挤在车门口。车辆行驶时，无论站立还是坐在座位上都应该举止大方，不能将头和手伸出窗外，也要坐好或站稳，抓住扶手，防止紧急刹车时摔倒。在车挤的情况下应懂得互相礼让。遇到下雨天，乘车前应预先准备好一个塑料袋，在上车前要将湿漉漉的雨衣脱掉，雨伞收好，放进塑料袋里，以免弄湿别人的衣裳。

乘坐出租车也应该考虑到起码的交通规则：拦车时，尽量在出租车站或在道路右侧安全地带使用规范的租车手势向同向行驶、有空车待租标志的出租车示意停车，不要使用带有污蔑性质的动作和逆向拦车。在机场、火车站等场所，等候出租车时应该到指定区域排队，由于出租车也是按顺序前行，应选择等在前面的车辆，不干扰出租车本身的等候顺序。在没有出租车等候站的地方，不要后到却抢先上车，应该自觉遵守先来先上的规则。遇上雨雪天气难打车时，不要争抢出租车，不妨和几个同路者并车，与人方便，自己也方便。对出租车司机要谦和有礼。如果对司机选择的路线有意见，或不满意司机的服务，如司机在开车时接听手机等等，要善意提出，注意用文明语言，切勿和司机发生争吵。

此外，为了让司机集中精力开车，应该避免和司机长时间攀谈，时刻注意切勿干扰司机安全驾驶。在遇到交通管制或其他特殊原因需要绕行或等待等情况时，要平心静气地与司机配合，千万不能要求司机走禁行路、闯红灯、违章行驶等。下车时，对司机的服务表示感谢，并说声"再见"，这样会让司机感到很温暖愉快。

公共道德：知识与责任

经典语录

先下后上、文明乘车。
排队候车、有序乘车。

（三）文明旅游

常州一名游客参加台湾旅游时，在岛内北海岸知名的野柳地质公园的岩壁上刻下"中国常州赵某某"，消息不胫而走之后，在国内引起轩然大波，社会各界对"赵某某"的谴责不断。赵某某本人公开向社会道歉。有些人为这些行为辩解，认为台湾媒体大题小做，"扬了家丑"，也有些人为在国外的中国游客不文明行为"出气"，找出外国人在中国的不文明行为，然而不管怎么说，

美丽的景致需要我们共同维护

42

赵某某的行为都是一种不文明的旅游行为，因此，我们要以此为教训，杜绝在旅游景点乱刻乱画的不文明的旅游行为，做一个文明的游客。

游客不文明旅游行为是指在旅游过程中存在的丑陋现象，这些不文明行为不但会造成旅游目的地的环境危害，还会给其他游客造成视觉、听觉污染，影响他人的旅游心情。营造文明、和谐的旅游环境，关系到每位游客的切身利益。做文明游客是我们大家的义务，因此我们要遵守中国国内的旅游文明公约。

维护环境卫生：不随地吐痰和口香糖，不乱扔废弃物，不在禁烟场所吸烟。

遵守公共秩序：不喧哗吵闹，排队遵守秩序，不并行挡道，不在公众场所高声交谈。

保护生态环境：不踩踏绿地，不摘折花木和果实，不追捉、投打、乱喂动物。

保护文物古迹：不在文物古迹上涂刻，不攀爬触摸文物，拍照摄像遵守规定。

爱惜公共设施：不污损客房用品，不损坏公用设施，不贪占小便宜，节约用水用电，用餐不浪费。

尊重别人权利：不强行和外宾合影，不对着别人打喷嚏，不长期占用公共设施，尊重服务人员的劳动，尊重各民族宗教习俗。

讲究以礼待人：衣着整洁得体，不在公共场所袒胸赤膊；礼让老幼病残，礼让女士；不讲粗话。

提倡健康娱乐：抵制封建迷信活动，拒绝黄、赌、毒。

除此之外我们还要掌握中国公民出境旅游文明行为指南：

中国公民，出境旅游，注重礼仪，保持尊严。

讲究卫生，爱护环境；衣着得体，请勿喧哗。

尊老爱幼，助人为乐；女士优先，礼貌谦让。

出行办事，遵守时间；排队有序，不越黄线。

文明住宿，不损用品；安静用餐，请勿浪费。

健康娱乐，有益身心；赌博色情，坚决拒绝。

参观游览，遵守规定；习俗禁忌，切勿冒犯。

遇有疑难，咨询领馆；文明出行，一路平安。

具体说来，我们要在旅游中做一个文明的游客，就需要做到以下几点：

不随处抛丢垃圾、废弃物；不随地吐痰、擤鼻涕、吐口香糖，污染公共环境，上厕所要冲水，要讲卫生；打喷嚏不掩口鼻，污染公共空间，危害他人健康。

乘坐公共交通工具时不要争抢拥挤，乘电梯、购物、买票、参观、就餐时不要争抢拥挤、插队加塞，要主动给老弱病残孕让位。

在车船、飞机等公共交通工具和餐厅、宾馆、景点等公共场所不要高声接打电话、呼朋唤友，更不要喧哗吵闹。

吃自助餐时吃多少拿多少，离开宾馆饭店时不要取走非赠品，更不要贪占小便宜。

在教堂、寺庙等宗教场所不要嬉戏、玩笑，要尊重当地居民风俗。

不要在景观文物、服务设施上乱刻乱划；不要踩踏禁行绿地、攀爬摘折花木

大庭广众之下不要脱去鞋袜、赤膊袒胸；卧室以外衣冠要整齐，穿着合时宜

文明用语，不要脏字连篇，举止粗鲁专横；遇到纠纷或不顺心的事要心平气和的处理。

不要在不允许喂食的旅游区喂食动物；更不要投打动物，以免危害动物安全。

经典语录

摒弃个人行为陋习　维护中华礼仪形象
游览风光美景　陶冶道德情操

（四）做好"上帝"

王某信奉顾客就是上帝，上帝说什么就是什么，因为我们花钱了。有一次，王某到商店买东西，对碰到的服务员是一副趾高气扬的态度，因为找不到要买的东西，刚来的服务员又不太清楚，就对王某说"对不起"，结果王某就大吵大闹，说服务员的态度不好，很不尊重自己。最后惊动了商店负责人才解决了纠纷。

王刚的大吵大闹不仅影响了其他顾客的购物心情，扰乱了商

店的正常秩序，而且在他人面前丢失了自己的形象，可谓是损人不利己。其实王某只要耐心点，礼貌地请刚来的服务员先问清楚要买东西的存放地，然后再告诉自己，或者向其他的服务员咨询，都可以避免这场争吵。

在众多的消费者中，总有那么少数的"上帝"显得不甚自爱、自重。进了商场，随地吐痰者有之；乱丢烟头、果皮、纸屑者有之；不爱惜公物者有之；买东西时横挑鼻子竖挑眼，故意叫服务员拿这送那，白白浪费营业员的精力、时间者有之；更有甚者，个别人稍有不如意就摆出"上帝"的架势，言语粗俗，出口伤人，动手打人，严重扰乱商场经营秩序。

良好的购物环境，也需要"上帝"的努力

相比农贸市场，超市给了消费者自由舒适的选购空间。在超市购物，人们往往会调整购物计划，改变主意把已放在购物篮里的东西拿出。这本是一件很正常的事情，顾客可以将商品归到原位，或结账时留在收银处，也可以请导购员帮忙处理。但也有些顾客却习惯将商品随意放，不愿费举手之劳将物品放归原处，营业员每天要花大量时间将货物一次次归类，而随意丢弃的一些冷冻商品或熟食，经常会污染其他商品造成物损。

购物是我们经常要做的事情，因而学会一定的购物礼仪是必要的。它不仅能使人受到其他人的尊敬和欢迎，还可以培养人的文明礼貌。因此，做好商家的"上帝"，做一个文明顾客是很重要的。因此我们进入购物地点，要用目光注视售货员，用微笑或者点头的方式问好，售货员就能对我们产生初步的信任感，同时我们还会感觉到自己受到了尊重。遇到麻烦请店员帮助的时候，不要占用他们太多的时间，尤其是在我们不想买东西的时候。在排队或者结账的时候，应该耐心等待。如果要买衣服，最好在试衣服之前把手洗干净，不要用脏兮兮的手触摸衣服，也不要把衣服随便丢到搁物架上。在试穿完后，应该把衣服重新挂到衣架上。如果弄坏了东西，应该告诉店员。

我们在进入公共的购物场所时，要注意维持这些公共场所的秩序，不要依仗自己的"上帝"身份在公共场所大声喧哗，更不要故意言语粗俗，出口伤人，动手打人，严重扰乱商场经营秩序。同时，我们也要保持公共购物场所的环境，不随地吐痰，不随地乱扔垃圾。在超市购物，取舍购物篮里的东西时应当具备最起码的归类意识，尤其是处理易变质的商品。大型超市一般配备电梯，上下便捷，我们遇到此类问题，将物品归放到原位，做一个文明顾客，做好商家的"上帝"。

作为经营者，固然应该做到优质服务、顾客至上、文明经商。但我们作为顾客，也理应不断提高自身素质，发扬社会公德，尊重经营者的劳动，做文明顾客，使自己的消费行为符合法律、道德规范。只有买卖双方相互理解，相互尊重，真诚相待，共同努力，才能营造一个健康向上的经营环境。因此我们要做一个文明顾客，做好商家的"上帝"，这不仅是社会的需要，也是我们自身素质的体现。

经典语录

微笑是我们的语言，文明是我们的信念。

礼貌和文明是我们共处的金钥匙。

（五）尊重别人

有一次，朱师傅为周总理刮脸，总理突然咳嗽一声，朱师傅没提防，给总理的脸上刮了个小口，朱师傅忙道歉说："对不起，总理"。总理却亲切地说："怎么能怪你呢？我咳嗽没和你打招呼，幸亏你刀子躲得快"。

这个故事告诉我们：只有在感情上有一颗尊重别人、爱护别人的心，才能使上级和下级、老师和同学、同学和同学等人与人之间平等相待，彼此尊重。

尊重别人是做人的一种美德，人人都应具有尊重他人的良好品德。当前社会上有一些人，不懂得尊重别人。在公共场所旁若无人，高谈阔论，甚至大声喊叫，妨碍他人；不尊重他人的劳动成果；拿别人的缺陷开玩笑，不尊重别人的人格等。这样的人其实也不懂得自尊，他不尊重别人，肯定也得不到别人的尊重，要想得到别人的尊重，自己首先必须尊重别人。人与人之间，只有互相尊重，才能关系和谐、融洽，团结一致，社会才能真正进步。

互相尊重，就是人与人之间彼此尊敬和看重对方。尊重别人等于尊重自己；也只有尊重别人，才能得到别人的尊重。假如人的心灵是一座海湾，那么尊重就是连接两岸的桥梁；假如人的心灵是一个黑暗的空间，那么尊重就是一颗璀璨的明星。人与人之间的交往离不开尊重，可以这样说，尊重他人是一种美德，而被人尊重则是一种幸福。试想，一个不懂得尊重为何物的人，一开口就是损人尊严毁人人格；别人会如何对待他？所以说，尊重别人是人与人之间沟通的最好方法。

尊重别人并不等于纯粹的尊敬他，在尊重的两边有两个临界值，左边是"随便"，右边是"尊敬"。随便是好似没有距离却使人可能最为抵触的距离；尊敬则可能是一下子划分出了鲜明的界限让人拘谨的距离。

尊重别人首先应该尊重他的人格。每个人都有自尊心和荣誉感，当他的人格得不到别人的尊重时，往往是很伤心、很痛苦的，有些人不大注意这一点，常常用自己的长处去讥笑别人的短处，跟别人说话不分大小、拌嘴专门揭短，开玩笑开过头，侮辱人甚至捉弄生理有缺陷的人，这些都是不尊重别人人格的表现，是很不应该的。只有在心理上有尊重别人的想法，才可能做出尊重别人的行动。所以，我们必须牢记："每个人在人格上都是平等的。"不因自己家境好成绩好就自倨、自傲，就轻视他人。

尊重他人，还应该懂得谅解他人。人们相处，总会有这样那样的矛盾发生，比如在人多拥挤的场合，他人不慎踩了自己的脚，撞掉自己手中的东西，这种情况，如果得理不饶人，这其实也是一种不尊重他人的表现。我们应当理解，他人不是故意冒犯自己，而是由于不慎，这是日常生活当中无可避免的，因而应当谅解他人。对待人与人之间的矛盾，应该宽宏大量，以团结为重，而不能斤斤计较、睚眦必报。

尊重别人不仅是指态度上，而且要从礼仪上尊重别人。青少年如果蓬头垢面，不仅有损自己的形象，也是对老师的不尊重。站着和别人交谈时，不要用脚连连打地；与老师、长辈交谈时，跷"二郎腿"是一种不尊重别人的表现。

尊重别人要注意场合。别人办喜事，就别说不吉利的话；人家办丧事，就不要兴高采烈。还比如：别人考试没考好，就不要大谈特谈自己考得如何如何好。

尊重他人要学会"见什么人说什么话"，也就是要了解对方的年龄、身份、语言习惯等。假如对方是位年长者，在称呼上要礼貌，在语气上要委婉，在语速上要舒缓，在话题上要"投其所好"。

尊重别人还包括打招呼时不要"喂喂……"不停，或者叫绰号，因为对方肯定"别有一番滋味在心头"；交谈时不谈对方不愿讲的话题，不揭对方的伤疤等。

尊重别人还要做到不要因为别人看似尊重实则是糖衣炮弹将你击晕。对别人的尊重保持清醒也是对别人的尊重。

守时也是一种尊重。和别人约好聚会，就应当准时赴约；老师安排活动更应当准时参加。

在学校里，应该尊重大同学，爱护小同学，尊重女同学，不取笑同学，不给同学起外号、不背后议论同学。同学间每天第一次见面要相互问好、离校时互相道别，说声"再见"。这是真诚、礼貌的表示，也是尊重别人的一种必要形式。

同学互相尊重还必须注意从"我"做起。每个同学都希望得到别人的尊重，如果每个人老强调别人应该尊重自己，唯我独尊，那是不现实的。只有每个人都从我做起，强调我首先要尊重别人，才能创造人人互相尊重的风气。

 **经典语录**

我们平等的相爱，因为我们互相了解，互相尊重。——列夫·托尔斯泰

施于人，但不要使对方有受施的感觉。帮助人，但给予对方最高的尊重。这是助人的艺术，也是仁爱的情操。——刘墉

（六）诚实守信

孔子早在 2000 多年前就教育他的弟子要诚实。在学习中，知道的就说知道，不知道的就说不知道。他认为这才是对待学习的正确态度。曾子也是个非常诚实守信的人。

有一次，曾子的妻子要去赶集，孩子哭闹着也要去。妻子哄孩子说："你不要去了，我回来杀猪给你吃。"她赶集回来后，看见曾子真要杀猪，连忙上前阻止。曾子说："你欺骗了孩子，孩子就会不信任你。"说着，就把猪杀了。曾子不欺骗孩子，也培养了孩子讲信用的品德。

秦末有个叫季布的人，一向说话算数，信誉非常高，许多人都同他建立起了浓厚的友情。当时甚至流传着这样的谚语："得黄金百斤，不如得季布一诺。"后来，他得罪了汉高祖刘邦，被悬赏捉拿。结果他的旧日的朋友不仅不被重金所惑，而且冒着灭九族的危险来保护他，使他免遭祸殃。

一个人诚实有信，自然得道多助，能获得大家的尊重和友谊。反过来，如果贪图一时的安逸或小便宜，而失信于人，表面上是得到了"实惠"，但为了这点实惠，他毁了自己的声誉，而声誉相比于物质是重要得多的。

然而，当今社会上一些领域和个人身上体现出的不讲诚信、见利忘义的行为和现象，以及某些腐朽没落的生活方式给青少年学生带来的影响和由此产生的一些问题是不容忽视的。例如有些学生由于诚信意识太差，考试作弊，弄虚作假，欺骗他人，讲假话像讲真话那样自然。还有个别分子甚至做出违法的事情，沦落为犯罪分子。

诚实守信是为人之本，是中华民族的传统美德。诚实是指忠诚老实，言行一致，表里如一；守信是指说话、办事讲信用，答应了别人的事，能认真履行诺言，说到做到，守信是诚实的一种表现。

人生活在社会中，总要与他人和社会发生交往。处理这种交往必须遵从一定的规则，如有章遵循，有诺必践等。因此我们要做到诚实守信就要从身边的小事做起。例如在答应别人的要求之前认真想一想，看看自己是否有能力、是否愿意满足对方的要求。如果认为自己的条件还不具备，就不要轻易答应对方。

凡是自己已经答应做的事情，就要努力去做。青少年有时因为考虑问题不周全，可能会遇到困难，那也不要轻易放弃，可寻求成年人或同伴的帮助，把事情做好。即使你承诺的是一件很小的事情，也要认真去做，不能认为小事情忽略了没关系。因为一个人的诚信程度是体现在方方面面的。如果已经答应了的事情确实难以完成，也不要找种种借口加以逃脱。而应该向对方说明缘由，用诚挚的态度向对方表示歉意，在今后尽量避免类似的情况出现。

对于青年少年学生来说，诚实守信更多地体现在考试中遵守考场纪律，不作弊，不弄虚作假。

 **经典语录**

立身存笃信，景行胜将金。——《全唐诗补逸》卷二（王梵志诗）。

解读：为人处世要老实忠厚讲信用，品行高尚胜过有金银财富。

（七）乐于助人

乐于助人简单地说，就是很乐意帮助别人。从古至今，助人为乐的故事可以说不胜枚举：

著名书法家王羲之的书法天下闻名，但是他轻易不肯给人写字。有一天，王羲之在路上遇见了一位贫苦的老婆婆，提着一篮竹扇在集市旁叫卖，却没有什么人去买。他看到后心里很感同情，于是就帮老婆婆在每把扇子上都题上字。人们知道后纷纷围拢来抢着购买，一篮子竹扇很快被抢购一空。等着买米下锅的老婆婆非常高兴，十分感谢乐于助人的大书法家。

随着时代的发展，人们思想道德观念的更新，助人为乐的精神应该有新的表现内容与表现形式应该有所不同。这种精神不是傻，而是一种崇高的思想境界。作为一名在新世纪新时代下成长的青少年，我们更应时刻牢记助人为快乐之本，是一种美德，是人格升华的标志。我们应该从日常生活做起，从我们身边做起，从一点一滴的小事做起，坚持不懈，助人为乐。

雪天里的温暖

当一个人身处困境时，大家乐于相助，把别人的困难当作自己的困难，给予热情和真诚的帮助与关怀，这就是助人为乐。在现实社会中，每个人都在一定的人际交往中生活，每个社会成员都不能孤立地生存，而在生活中人人都会遇到一些困难、矛盾和问题，都需要别人的关心、爱护，更需要别人的支持、帮助。如果在社会生活中，每个人都能主动关心、帮助他人，从自己做起，从小事做起，从现在做起，使助人为乐在社会上蔚然成风，那么，你就能随时随地得到他人的帮助，感受到社会的温暖。从这个意义上讲，"助人"也就是"助己"。

因此，人人都应该发扬助人为乐的精神，积极主动地爱护他人，帮助他人。具体来说应做到：

一是"我为人人"。每个人都应该从乘车让座、帮助残疾人过马路等小事做起，养成关心他人的习惯。

二是"遇难相帮"。天有不测风云，人有旦夕祸福。当他人发生不幸、出现困难时，热情帮助，为其分忧解难。

三是"见危相救"。比如，在遇到歹徒行凶时，遇到有人恃强凌弱时，遇到意外险情等危急情况时，每个公民都应该挺身而出、舍己救人、弘扬正气。近年来，我市先后涌现了秦炳奎、张东京、左宝忠、盛晓虹等一批见义勇为的模范人物，他们都是我们学习的榜样。

四是热心公益。社会公益反映了社会主义的新型人际关系，与每位公民息息相关。每个公民都要关注和支持社会公益，多献一点爱心，多添一份真情，在社会生活中做一个热心人，如赈灾救荒、捐资助学、义务献血、为社会福利事业捐款捐物等等，做到有钱出钱，有力出力。

经典语录

路见不平，拔刀相助。——马致远《陈情高卧》

应当在朋友正是困难的时候给予帮助，不可在事情已经无望之后再说闲话。——伊索

（八）有责任心

一位大公司的老板曾经讲过这样的故事：

有个人来他公司应聘，经过交谈，他觉得那个人其实并不适

合他们公司的工作。因此，他很客气地和那个人道别。那个人从椅子上站起来的时候，手指不小心被椅子上跳出来的钉子划了一下。那人顺手拿起老板桌子上的镇纸，把跳出来的钉子砸了进去，然后和老板道别。就在这一刻，老板突然改变了主意，留下了这个人。事后，这位老板说："我知道在业务上他也许未必适合本公司，但他的责任心的确令我欣赏。我相信把公司交给这样的人我会很放心。"

虽然这是应聘中经常讲的老掉牙了的小故事，但由此可见，责任心确实是一种很重要的素质，正是这种素质赢来了这位小伙子的一份好职位。

中华民族是勇于承担责任的民族，勇于承担责任是中华民族的优良传统。大禹治水"三过家门而不入"，诸葛任事"鞠躬尽瘁，死而后已"，范仲淹挥写"先天下之忧而忧，后天下之乐而

承担一份责任，造福无数民众

乐"，文天祥高歌"人生自古谁无死，留取丹心照汗青"，林则徐铭志"苟利国家生死以，岂因祸福避趋之"。挺身而出，尽忠职守，利居众后，责在人先，是志士仁人薪火相传的思想标杆，是华夏子孙生生不息的精神动力。

有些人片面地认为只有担负起国家兴亡的责任才是真正的责任，其他的小事上没有所谓的责任。其实不然，一个人的责任心也可以在日常生活的小事上体现出来。

对于青少年来说，做一个有责任心的人也是很重要的。

答应别人的事，要努力做到。

自己犯了错误，要敢于承认错误。例如无意中损害了班级的公物要尽快修理或主动赔偿。

在家多帮父母承担家务。在学校，最后一个离开教室要把灯关掉，门锁好，窗户关好；在校主动打扫校区卫生等等。

 经典语录

每一个人都应该有这样的信心：人所能负的责任，我必能负；人所不能负的责任，我亦能负。如此，你才能磨炼自己，求得更高的知识而进入更高的境界。——林肯

责任感常常会纠正人的狭隘性。当我们徘徊于迷途的时候，它会成为可靠的向导。——普列姆昌德

（九） 懂得感恩和包容

感恩节期间，有位先生垂头丧气毫无生气来到教堂，坐在牧师面前，他对牧师诉苦："都说感恩节要对上帝献上自己的感谢之心，如今我一无所有，失业已经大半年了，工作找了 10 多次，也没人用我，我没什么可感谢的了！"牧师问他："你真的一无所有吗？上帝是仁慈的，神依然爱你，你没觉得？好，这样吧，我给你一张纸，一支笔，你把我问你答的记录下来，好么？"

牧师问他："你有太太么？"他回答："我有太太，她不因我的困苦而离开我，她还爱着我。相比之下，我的愧疚也更深了。"

牧师问他："你有孩子么？"他回答："我有孩子，有 5 位可爱的孩子，虽然我不能让他们吃最好的，受最好的教育，但孩子们很争气。"

牧师问他："你胃口好么？"他回答："呵，我的胃口好极了，由于没什么钱，我不能最大限度地满足我的胃口，常常只吃 7 成饱。"

牧师问他："你睡眠好么？"他回答："睡眠？呵呵，我的睡眠棒极了，一碰到枕头就睡熟了。"

牧师问他："你有朋友么？"他回答："我有朋友，因为我失业了，他们不时地给予我帮助！而我无法回报他们。"

牧师问他："你的视力如何？"他回答："我的视力好极了，我能够清晰看见很远地方的物体。"

于是他的纸上就记录下这么 6 条：我有好太太；我有 5 位好

孩子；我有好胃口；我有好睡眠；我有好朋友；我有好视力。

牧师听他读了一遍以上的 6 条，说："祝贺你！感谢我们的上帝，他是何等地保佑你，赐福给你！你回去吧，记住要感恩！"

他回到家，默想刚才的对话，照照那久违的镜子："呀，我是多么的凌乱，又是多么的消沉！头发硬得像板刷，衣服也有些脏……"

是的，我们要懂得感恩，感恩并不仅仅是对别人给予自己的重大恩惠的回报，感恩也体现在我们的日常生活中的小事中。

对父母抱有感恩之心。父母是我们生命的赐予者，父母给予我们一个温馨的家，同时父母也养育了我们，因此父母之恩是我们最应该感激的。对父母的感恩体现在我们的日常生活中：

遵从父母的教诲，即使父母有时是错误的，我们也要心平气和的和父母讲，不要和父母顶嘴，惹父母生气；

在家帮父母多干点力所能及的家务活，如帮父母做饭、刷碗、打扫家庭卫生等等；

自己的事情自己动手做，不要事事劳烦父母，如自己的房间自己收拾，自己的学习用品自己整理；

……

这些不仅是孝敬父母的表现，也是对父母抱有感恩之心的表现。

对老师抱有感恩之心。老师是我们精神的启蒙者，老师教育我们，关心我们，在我们身上付出的关心不亚于父母，因此老师的教育之恩也是我们应该永远铭记在心的。对老师的感恩，体现在我们的一言一行中：

　　课堂上，一道坚定的目光，一个轻轻的点头，证明了你全身心地投入，你在专心地听课；

　　下课后，在走廊里看到了老师，一抹淡淡的微笑，一声礼貌的"老师好"；

　　放学了，向老师招招手，说上一句"老师再见"；

　　在试场上，认真应试，仔细答题，牢守纪律；

　　在教室里，把教室打扫得干干净净，给班级一个整洁的环境；

　　在寝室里，把寝室布置得窗明几净，给室友一个舒适的环境；

　　在校园的小径上，看到地上有纸屑果壳，能够毫不犹豫地将他们拾起来；

　　当我们坐公交车时，看到有老人孕妇上车了，能够毅然地将自己的座位让给他们；当我们出行游玩时，捡到了游人掉落的财物，能够不假思索地将他们归还给失主……这都是对老师辛勤教育我们的感恩之心的表现。

　　对身边的朋友抱有感恩之心，因为是他们在我们寂寞时陪伴我们，在我们有困难时向我们身处援助之手等等。

　　对那些曾帮助我们的人抱有感恩之心。因为是他们在我们最无助时给予我们帮助。

　　对那些曾伤害过我们的人抱有感恩和包容之心。也许正是他们的一次嘲笑给了我们前进的动力，使我们一步步走向成功；也许正是他们的一次嘲笑使我们认识到自己的不足，从而朝着正确的方向前进等等。

经典语录

感恩即是灵魂上的健康。——尼采

感恩是精神上的一种宝藏。——洛克

（十）学会拜访礼仪

某学生大学毕业后，到英国剑桥大学继续从事学习和研究。他的导师非常欣赏他的学识和勤奋，师生关系一直很融洽。一天，导师邀请他到自己家里做客，并且把他引入自己的书房。这位留学生一进书房，就开始独自环顾书架，并且没有经过老师的同意就从书架上拿起书来翻看。从那以后，导师再也没有邀请他到自己的家里去，也没有与他一起出席过任何国际会议和社交活动。

由于登门拜访不注意细节，这个留学生失去了许多学习机会，那么拜访时有哪些礼仪要求呢？

做客有不同的情况，或初次登门拜访，或应好友之邀赴约，或有事求于他人，因而礼节也略有不同。但无论何种情况，身为客人要为主任着想，尽量避免给主人带来不便，以不影响主人的正常生活为基本原则。

拜访应事先预约：

到别人家做客，如果是自己主动前往就要事先设法联系，提前预约，尽量不做不速之客。要知道，除非是主人非常想见的人，否则不速之客是不受欢迎的。预约可通过电话、书信或口头方式，说明拜访原因与时间。预约应以客随主便为原则，主人提出的方案应优先考虑。

拜访应如期而至：

作为客人要守时、守约，应准时或稍提前一会儿到达，以示尊重。过早抵达，主人尚未准备好，觉得尴尬；迟迟不到，会让主人久等而显失礼。有特殊情况不能准时赴约，应想办法通知对方。如果不能及时通知对方，也要事后主动向对方说明情况并表示歉意，无声无息的取消预约是极不礼貌的。

拜访应服装整洁：

一般的拜访，服装应整洁，大方，不必过于讲究。蓬头垢面、衣冠不整的形象不仅使别人产生不愉快的感觉，并且也是对主人的不敬。即使是拜访好友或邻居也不能穿背心、拖鞋或睡衣等，否则会引起主人或其他来宾的难堪。青少年随父母拜访亲友时，应特别注意仪容仪表的整洁、朴素、大方，这不仅体现出对主人的尊重，也反映出我们的生活态度。

入门时寒暄应尽量简短：

进门前应轻轻叩门，或者轻按门铃，即使门开着也要敲一下门，经主任允许后再进入。大门打开后，当然应问候对方，但在此处的寒暄应尽量简短，也不要在大门口反复鞠躬，说明访问的理由，以及询问对方的近况。因为，如果让大门一直开着，受访者也会感到困扰。再者，访问时你手上通常会拿着简单的礼物，在这种状态下长时间地交谈，自己也会觉得极不自然。

鞋子不要随意乱扔：

进入大门时，有些人将鞋子脱下来后，就随意胡乱扔在旁；如果是在自己家里这样做还情有可原，要是进别人家却做出这番举动，容易受到别人的质疑，怀疑你是否具备基本礼仪。因此，进入大门时，应将鞋子脱掉，然后，以斜对着大门，避免背对着主人的状态，将鞋放好。此时，脱掉的衣物也要朝着反方向放好，而鞋子则应放在角落里。

拜访时坐姿要文雅：

坐在沙发上时，不能因为感觉坐在坐垫上舒服，而将身体倚在靠背上，并深陷地坐进去。应使臀部挨着靠近沙发前端的地方，并浅浅地坐着。如果是女生应挺直脊背，并扰双脚并偏向一侧，显得较为雅观。再者，最好不要翘起"二郎腿"。

言谈应有礼貌：

在与人交谈的过程中，要善于倾听。如果谈话中提及主人的家庭情况，只做些一般性的了解和关心即可。关心过度，反复盘问，就显得粗鲁无礼了。若随父母拜访，父母与主人交谈正事，不要随便插嘴，更不能对大人的谈话加以纠正。长辈问自己问题时要大大方方的回答。

拜访时间应把握好：

拜访时应把握好拜访的时间。一般性拜访，以半小时到一小时之内起身告辞为宜。做客拖延时间太长，聊起来没完，久而久之会成为不受欢迎的客人。

告辞时机应把握好：

作为客人应选择时机告辞，最好是在话题结束之后，在没有什么重要的事情需要谈时。但不要在主人刚说完话时就立刻告辞，这样既不礼貌，还可能令主人产生误解，如果这人有疲劳感或有家人提示有急事要办等情况时，适时告辞较为得体。

告辞时言谈举止应彬彬有礼：

告辞时应对主人及其家人的款待表示感谢，如果主人家有长辈，别忘了向长辈告辞。若主人家还有其他客人，也应礼貌地向他们告辞。主人送出门时，应劝主人留步。分手时要适时回头，并向主人挥手示意，以示最后的谢意。"一去不回头"是失礼的，会让主人感到失望。

经典语录

人问谁，对以名；吾与我，不分明。——《弟子规》

解读：当主人问我是谁时，要把自己的姓名告知对方。如果只回答"我"，对方就弄不清楚是谁。

（十一）知晓接待礼仪

王某在上高二的时候，全家搬迁到了一个陌生的地方，王某也不得不转入一所谁也不认识的学校读书。在上学的第一天，王某在陌生的环境中感到处处不知所措。幸运的是，最后一节课，老师给他介绍了一个搭档，并对他说："你刚来，还不熟悉学校的环境，下了课，你和我还有我的朋友一起去餐厅吃饭吧!"听老师这样说，王某的心踏实了很多。因为老师一个简单的招呼，给了王某莫大的慰藉，让他没有了孤独之感。慢慢地，他开始喜欢这所学校，王某也和老师以及搭档成了最好的朋友。

有朋自远方来，不亦乐乎？作为主人，当有客人来时，不管是提前预约的，还是不速之客，都要热情对待。青少年也要掌握一定的接待礼仪，向客人展示出自己的真诚、友好和礼貌。

客人到访之前，应提前做好准备。主人的仪容要整洁，自然大方。蓬头垢面，或穿着睡衣短裤会客是不礼貌的。家庭布置要干净美观，水果、点心、饮料、烟酒、菜肴等要提前备好。如果是正式宴请，如婚礼、寿诞等，还要预先送请柬或电话邀请，确定宴请时间、场所，排好座次，落实宴请形式、规模、档次。如果要留客吃饭，事先要了解客人的习俗、爱好和年龄，以便备好饭菜原料。如果事先获悉客人要留宿，最好让客人单住，并把客人的房间及床铺等用品收拾得干干净净。如果是远道来客，必须事先掌握来客乘坐的交通工具抵达的时间。特别是初访的客人，对地形不熟悉，一般要尽量远迎一些，以免客人走迷路。

迎客时要热情问候，让进屋内；如果客人手提重物，应主动帮忙。对长者或体弱者可上前搀扶。进入室内应把最佳位置让给客人坐，如果客人是初次来访，如果客人是第一次来访，应该给家里其他人介绍一下，并互致问候。若有他人在场，应予相互介绍。客人进门时，可接过其衣帽、雨具或示意放置位置，但不要去接客人的手提包。然后热情地给客人让座。

如果是天气炎热的夏季，主人可递给客人一块凉手巾，擦脸消暑，或递上扇子，或打开电扇、空调，并送上一杯冷饮。如果在寒冷的冬天，则应把客人请到暖和一些的房间，倒杯热茶。如果客人远道来，要问问是否用过餐，要不要马上用饭。

如果来客不是自己的客人，而是父母、爱人、兄弟姐妹或子女的朋友、同事、同学，也应主动招呼、接待，这样既是对客人表示全家都欢迎他的来访，也显示了你的家庭和睦。如果来客要访的亲人恰好不在，你应主动向客人说明情况，并询问有什么事需要转告或代办。对家庭其他成员的客人态度冷漠、怠慢不理，会引起客人的不快，也是不礼貌的。

如果来访者是"不速之客"，即客人是不约而来，使你毫无准备，这时也应将房间里紊乱的物品赶紧收拾一下，使客人有干净的坐处，并向客人表示歉意。"不速之客"有时会给你的生活、学习、工作诸方面带来不便，这也不足为奇。切不可将客人拒之门外，或面带悻悻之色，使来客陷入尴尬境地。此时应尽快了解客人来访的目的，以便见机行事，妥善处理。如果有人在你确实感到不便时来访，比如：客人来时，你恰好要有事外出，你最好尽可能有礼貌地说："我刚好要出去，真对不起。"向客人说明情况，另约个时间交谈，并致以歉意。但多数情况，是将客人邀请进屋，予以接待，作陪时间长短，当然要根据当时的实际情况决定了。

主人应先请客人落座后方可坐下；落座后要及时与客人交谈，并送上饮品或点心；交谈时要专注，不宜不停起身，或一边看电视一边交谈，或经常暗示时间。为客人倒水时不要倒满，如果为客人准备的是带包装的饮料，请去掉包装，倒入杯子，2/3 杯即可，不要倒满。大人谈话的时候，我们应该在一旁安静倾听，如果来的是同龄人，应该热情地打招呼，开一些玩笑，说一些悄悄话并拿一些这个年龄段喜欢吃的零食；如果来的是一位长者，更应彬彬有礼，招待周到。应先敬上一杯茶，再问候一些适当的话，如果人家没有坐下，我们千万不可坐下，老人家问什么要照实回答；同时态度要亲切、随和、友爱、招呼，不令访客有拘束不安之感。和老年人交谈，尤其要注意谈话态度要诚恳、谦逊，多让老人谈，多谈些老年人关心的话题。对有特长的老人，可以向他们请教，以此打开老人的"话匣子"。或者可以先扯一些家务事，使气氛融洽后再转入正题。老年人平时活动范围一般比较小，他们对晚辈、年轻人的招待如何往往比较看重和敏感。对他们周到体贴，他们会感到欣慰。如有先后两批客人来访，应一视同仁，不可冷落一方；彼此若互不相识，应适时为他们互相介绍；当客人散席或准备告辞时，主人应婉言相留。客人要走，应等其起身后，主人再起身相送，家人也应微笑起立，亲切告别。若客人来时带有礼物的，应再次提及对礼物的感谢或回赠礼物，并不忘提醒客人是否有东西遗忘，或有什么事需要帮忙。送客应送到大门口或街巷口，切忌跨在门槛上向客人告别或客人前脚一走就"啪"地关门。如果是初次来客，主人应主动指路或安排车辆接送，远方来客则应送至火车站、机场或码头，并说祝愿话或发出再来的邀请。

 经典语录

尊客之前不叱狗。——《礼记·曲礼上》

解读：在客人面前，主人不可以训斥狗，否则会让客人认为自己不受欢迎。

人人都有受尊重的要求，不要听对方说请留步，就真的不送了。——卡耐基

（十二）"礼"尚往来

一位医学教授到偏远的山区进行实地调查时，治好了一个贫病交加的老人，分文未取。那个山地人回家后，砍了一捆柴，走了三天的路才走到城里，把那捆柴放在医生脚下。我们也许会觉得好笑，笑他不知道现代人的生活里已经没有"烧柴"这个概念了，他的礼物和他的辛苦白费了。事实却不然，在爱面前没有什么是徒劳的。那位教授后来向人讲述这个故事时总是说："在我的行医经历中，从来没有收到过这样贵重的礼物。"

一捆柴，仅仅一捆荒山中枯去的老枝，由于蕴含着感谢者一颗至诚的心，而成为教授记忆中不朽的财富。青少年无论是送礼

物，还是接受礼物都要牢记一颗至诚的心才是最珍贵的礼物。

一个人不可能永远接受礼物，而不赠送礼物，礼尚往来是人之长情，在长辈生日，同学朋友过生日时赠送上一件代表自己心意的礼物是一种很有礼貌、教养的行为。

礼物首先要根据场合和时节而定。欢庆节日应备礼相赠，表示美好的祝愿。我国的传统节日，如春节、端午节、中秋节、

重阳节等，西方化的圣诞节，母亲节等都可以作为赠送时节。同样，在喜庆之日，如生日、获奖之时，都可以选择适当的礼物表示祝贺。探望病人，应带上礼物，比如送上几束鲜花，给病人带来春天的气息，使病人获得精神上的安慰。临别送行，送上一份礼物或几句赠言，以此表示自己的惜别之情。当身处逆境时曾受过他人帮助而摆脱了困境，事后应考虑送点礼物表示感谢。一般来说，在大庭广众之下，宜送高雅、大方、体面的书、花束一类的礼物，只有在私下场合，送点礼物与衣食住行有关的生活用品才是合适的。

礼物最主要的在于表达情意，而不在于贵重。礼物只是一种形式载体，它也许只是一张卡片、一束鲜花、一本书甚至是盒点心，但真正的意义在于是否蕴含着送礼之人的真实情感。因此，我们在选择礼物时要考虑受礼者的情趣、爱好、年龄，环境等因

素，精心挑选具有特色或特定意义的礼物。如果能做到投其所好，赠其所需，会使受礼者觉得你的礼物非同寻常，倍感珍贵。

送礼应当亲自当面将礼物送给对方，以表示诚意，不要不动声色地将礼物放下或让别人转交。接受礼物时，不要过分推让，大方并愉悦的接受礼物并表示感谢，是对送礼者最好的回赠。没完没了的表示"不好意思"，反而会让送礼者难堪。不要当着客人的面打开礼物，要等客人走后再拿出来仔细欣赏，否则是失礼之举。在接受他人赠送的礼物时，不要询问礼物的价格，问价是不礼貌的。一般情况下不要随便拒收别人的赠送，但也并非来者不拒。对有些礼物要持谨慎的态度。比如不熟悉的人送的礼物。

送礼物时也一定要大大方方的，公开透明，不要偷偷摸摸，一声不响的塞给人家，或者放在不引人注目的地方，这样会引起对方的误会。别人送给自己的礼物，即使是不喜欢，也应表示感谢。如果是亲人，可以直接告知自己喜欢的东西，下次记着就好了。如果是客人，就不要这样了，但是一定要道谢。

 **经典语录**

送礼物要送好，不要华丽包装，不要昂贵金钱，只要真心诚意。即使粗糙简单，对方肯定也喜欢。

与其皱着眉头送人一件贵重礼品，不如面带笑容送人一件小礼物。

遵纪守法篇

　　遵纪守法，保持社会稳定是每一个公民应尽的义务，保持安定有序，维护社会稳定，是构建和谐社会的最重要的工作，也是每一个公民的责任。现代社会是法制社会，作为社会的一员，遵纪守法，是每个公民的基本准则。但不容忽视的是仍有一些公民法律知识缺乏，守法意识淡漠。因此公民首先应该遵纪守法，无论做什么事都要守规矩、合法度。我国正处于社会主义的初级阶段，也是发展中的大国，大力弘扬法治精神，增强公民的法律意识，对于稳定社会秩序、维护国家利益、实现长治久安，具有至关重要的意义。青少年应当全面了解各项法律法规，牢固树立法制观念，以遵纪守法为荣、以违法乱纪为耻，自觉遵守有关的纪律和法律。

四、了解自身享有的权益

青少年是一个从年龄上横跨少年和成年的群体，既有青年的朝气，又有少年的稚气，一方面思维逐步走向成熟，另一方面充满青春的躁动和思想的波动。青少年渴望了解和认识这个丰富多彩和纷繁芜杂的大千世界，也渴望融入社会并得到理解。青少年对世界因好奇而不免有些盲从、盲动。隐藏在美丽外表下的诱惑，社会转型时期产生的各种阴暗现象，常常使青少年在困惑、迷惑中随波逐流，甚至在不知不觉中受到伤害。因此青少年要学习法律知识，形成基本的法律意识，自觉遵守法律，这样才能遏制日益严重的青少年违法犯罪以及针对青少年的违法犯罪。青少年要培养自己的法律意识，首先要了解自身享有的权益。

（一）人身自由权和平等权

1. 人身自由权

姜某与外籍人李某是一个公司的同事。姜某怀疑李某向总公司打过自己的小报告，与李某在电话中发生口角。事后，姜某对李某怀恨在心，纠集了多人于凌晨时分将李某从酒店中拖上面包车，拉着李某到了开发区的海边，殴打威胁李某，控制李某人身自由两个小时。法院经审理认为，被告人姜某等两人非法拘禁他人，侵犯了公民的人身权利，构成非法拘禁罪，分别判刑7个月。

人身自由权作为一个法律概念是指公民在法律规定的范围内依照自己的意志进行活动，不受外来的非法约束、妨碍、限制的权利。人身自由权是我国宪法赋予公民的重要权利。狭义的人身自由权是指人身不受拘捕和不受侵害的自由和权利；广义的人身自由权还包括住宅不受侵犯和人格尊严不受侵犯的自由和权利。具体说来，人身自由权包括：

人身自由不受侵犯：指公民享有人身不受任何非法搜查、拘禁、逮捕、剥夺、限制的权利。

人格尊严不受侵犯：指与人身有密切联系的名誉、姓名、肖像等不容侵犯的权利，具体体现为人格权，如姓名权、肖像权、名誉权、荣誉权、隐私权等。禁止侮辱、诽谤和诬告陷害。

公民住宅不受侵犯：即住宅安全权，指公民居住、生活的场所不受非法侵入和搜查。

通信自由：指公民通过书信、电话、电信及其他通讯手段，根据自己的意愿进行通信，不受他人干涉的自由。具体指通信秘密受法律保护，属私生活秘密与表现行为的自由。包括公民的通信他人不得扣押、隐匿、毁弃，公民通信、通话的内容他人不得私阅或窃听。

总的来说，人身自由权是公民享有其他一切权利和自由的基础。作为一项基本权利，它直接反映了公民的法律地位。如果公民没有人身自由或者人身自由没有法律保障，也就根本谈不上享有其他权利。公民只有享有了人身自由权，其作为公民的地位和尊严才得到了保证，法律赋予的其他各项权利才能实际行使。

 **法律辞典**

《中华人民共和国宪法》第37条规定：中华人民共和国公民的人身自由不受侵犯。任何公民，非经人民检察员批准或者人民法院决定，并由公安机关执行，不受逮捕。禁止非法拘禁和以其他方法非法剥夺或者限制公民的人身自由，禁止非法搜查公民的身体。

《中华人民共和国刑法》第238条规定：非法拘禁他人或者以其他方法非法剥夺他人人身自由的，处3年以下有期徒刑、拘役、管制或者剥夺政治权利。具有殴打，侮辱情节的，从重处罚。

2. 平等权

1997年7月，平顶山市学生王某参加中考，总分456分，超过了当年427分的中招录取分数线。但他所填报的某财贸学院却因他"小儿麻痹后遗症跛行"没有予以录取。在上访无效后，王某将该财贸学院告到了法院。在法院审理过程中，该校经过调查，认为王某符合国家规定的录取标准，予以了补录。王某撤诉，得到了法院的同意。

这个案例说明，在国家通过各种制度保证公民平等权实现的

同时，如果在升学、求职等方面受到歧视对待，我们应当通过正常渠道进行反映，为实现平等权而努力。

平等权是我国公民享有的一项基本权利。公民的平等权，是指所有公民（包括残疾公民）根据法律规定，享有同等的权利，承担同等的义务。公民的平等权在法律上的含义：

我国公民不分民族、种族、性别、职业、家庭出身、宗教信仰、教育程度、财产状况、居住期限，都一律平等地享有宪法和法律规定的权利，也平等地履行宪法和法律规定的义务。

任何人的合法权益都一律平等地受到保护，对违法行为一律依法予以追究。

不允许任何公民享有法律以外的特权，不得强制公民履行法外的义务，也不得使公民受到法外的处罚。

具体表现在以下几个方面：

所有的公民都平等地享有宪法和法律所规定的权利。我国公民是指具有我国国籍，并根据我国宪法和法律，享有权利并承担义务的人。

所有公民都平等地履行宪法和法律所规定的义务。义务和权利并存，没有无权利的义务，也没有无义务的权利，履行义务同时也是为了更好地享有权利。我国宪法和法律规定了公民所享有的广泛的权利和自由，同时也规定了公民应尽的义务。公民依法平等地享有权利，同时也必须平等地履行法定的义务，凡是宪法和法律所规定的公民的义务，每个公民都必须依法履行，决不允许有拒绝履行义务或逃避履行义务的现象存在，也不允许只要求一部分公民履行义务，而允许另一部分公民不履行义务，即不允许存在特权阶层。

国家机关在适用法律时，对于所有公民的合法权益的保护和违法行为的惩罚，都是平等的，不得因人而异。也就是说，司法机关、行政机关和其他机关，在运用和执行法律时，对所有公民都一律平等对待，对所有公民的合法权益一律平等地加以保护，对所有公民的违法或犯罪行为，一律平等地追究其法律责任，不能因为某些人社会地位高、功劳大或拥有的财富多，就给予特别的保护或开脱、减轻其违法行为所应承担的法律责任，也不能因为某些人社会地位低、对社会的贡献小或贫穷，对其权益就不予保护或加重对其违法行为的惩处，不允许对同样的情况、同样性质和情节的行为和事件，在适用法律上区别对待。

法律辞典

《中华人民共和国宪法》第 33 条：中华人民共和国公民在法律面前一律平等。国家尊重和保障人权。任何公民享有宪法和法律规定的权利，同时必须履行宪法和法律规定的义务。

《中华人民共和国刑法》第四条：对任何人犯罪，在适用法律上一律平等。不允许任何人有超越法律的特权。

（二）生命健康权

刘阿姨在散步时受到李某家狗的惊吓，摔倒在地造成右腿骨折，刘阿姨的儿子向王某索要医药费，遭到李某拒绝后，一纸诉状将其告上法庭。经法庭审理：判决李某赔偿刘阿姨医药费、精神损失费5000元。

法院对李某的处罚说明了公民享有生命健康权。李某正是侵犯了刘大妈生命健康权。

生命健康权是公民最基本、最重要的权利，是公民享受其他权利的基础。生命健康权是公民保持权利主体资格或完全的民事行为能力的必要条件，是享有其他各种合法权益的基础。它体现人的最高利益，受民法、行政法、刑法等法律的全面保护。对侵害公民生命健康权的行为，根据侵权行为的性质、情节和危害程度，可分别追究侵权行为人的民事责任、行政责任和刑事责任。三种责任方式可以单独适用，也可以合并适用，侵权人承担了民事责任后不能免除其刑事责任和行政责任，同样承担了刑事责任和行政责任也不影响他承担民事责任。

生命健康权包括生命权和健康权两部分。生命权是以生命安全为内容的、他人不得非法干涉的权利，侵害生命权是指不法地剥夺他人生命的侵权行为，其表现为伤害他人身体致人死亡。健康权是公民维护其身体健康即生理机能正常运行、具有良好心理状态的权利，主要表现为健康维护权。健康维护权是健康权的基本内容，其含义中包含保持自己健康的权利，即参加各种体育活动，保持身心健康于完好状态；有生理、心理疾病时及时医治，恢复原来的健康状况。保护公民的健康权，是我国法律的主要任务。

侵害公民生命健康权的行为可以有不同的表现形式，归纳起来主要是作为和不作为两种形式。作为侵权，是以积极的行为实施侵权，如，医生甲应病人乙的家属的要求，在未征得病人乙本人同意的情况下，擅自为乙注射毒剂使其"安乐死"；再如某医院外科医生为个人营利在业余时间私下为病人施行手术，由于技术不高，抢救设备缺乏使病人死亡。不作为的侵权是指负有特殊职责和义务的行为人不履行某种义务而造成的侵权，在医疗活动中，主要表现为医护人员怠于治疗或擅自离岗，未尽义务使病人死亡或残废，如某医院急诊室值班医生在休息室看足球赛，一高烧病人来院急诊，医生看完球赛后一小时后才给病人进行诊治，使病人丧失抢救机会而死亡。

生命健康权是法律赋予我们的人身权利，当自己的生命和健康受到威胁和侵害时，我们一定要勇敢地拿起法律武器，依法保护我们的生命健康权。一要及时、如实的向公安机关报案，不能让侵害者逍遥法外；二要采用合法手段为自己讨回公道，不能以牙还牙、以恶对恶。

未成年人是祖国的未来和民族的希望，由于年幼、能力欠缺和经验不足，生命健康较容易受到侵害，因此青少年自身应加强修养，提高自控能力和明辨是非的能力；国家为了青少年的健康成长，制定了相应的法律给予特殊的保护，呼吁家庭、学校、社会和司法共同保护未成年人的健康成长，保护未成年人的健康成长是全社会的共同责任。

未成年人享有生命安全、身体健康、受法律保护的权利，任何组织和个人都不得非法侵害。对侵害未成年人生命健康的行为，未成年人及其监护人有权向有关机关控告，直至诉诸法律。因此当青少年受到非法侵害时，不能胆小怕事，忍气吞声。否则，不仅没有维护法律的尊严，而且会使对方认为自己软弱可欺，变本加厉地侵害自己的合法权益，给自己带来更大的危害；同时也不能通过非法途径与对方私了，因为"私了"的一切协议都没有法律效力，对方在一定条件下可以反悔不认账，使自己的合法权益难以得到保障。

注意自身生命安全和健康，使自己处于安全的环境，免受他人侵害，这不仅是每个公民的权利，也是我们对自己的关爱和责任。除了为正义而献身外，公民的生命健康权不得让与或抛弃。因为人具有社会性，生命一旦诞生就具有社会责任。一个人如果因为困难、挫折、失意而自杀，必然会给亲朋好友带来无尽的哀伤、较大的财产损失，还会引发老者无人赡养、幼者无人抚育等一系列社会问题。若公民损害自己的身体，如乞丐为博取他人同情而自残，必然造成更大的社会负担。因此，轻生或自残等行为都与社会道义相悖，与法不合。

人人都享有生命健康权。珍爱生命不是一瞬的感念，更不是一句时髦的话语，而是我们对生命的认识、理解、感悟和体验。生命属于我们只有一次。我们珍惜、爱护自己的生命和健康，同样也要爱护、尊重他人的生命和健康。在日常生活中，我们要增强法律观念，决不做侵犯和危害别人生命和健康的事。同学之间要相互爱护、相互尊重，嬉闹要适度，避免因过失而给对方造成伤害，引起不必要的纠纷和冲突。

法律辞典

《未成年人保护法》第 8 条：父母或者其他监护人应当依法履行对未成年人的监护和抚养义务，不得虐待、遗弃未成年人；不得歧视女性未成年人或者有残疾的未成年人；禁止溺婴、弃婴。

《未成年人保护法》第 48 条：学校、幼儿园、托儿所的教职员对未成年学生和儿童实施体罚或者变相体罚，情节严重的，由其所在单位或者上级机关给予行政处分。

（三）财产权

人的生存，发展与物质财产是分不开的。每个人一出生就接受父母和亲属的抚育，并伴随着成长而不断增加对财务的需求。

财产是人们求生存、谋发展的物质基础和基本手段。个人财产权是个人自由意志的体现。我国公民享有的财产权包括财产所有权、继承权等。财产所有权是公民享有的一项最基本的财产权利。

财产权，是指以财产利益为内容，直接体现财产利益的民事权利。财产权是可以以金钱计算价值的，一般具有可让与性，受到侵害时需以财产方式予以救济。财产权既包括物权、债权、继承权，也包括知识产权中的财产权利。

财产权是人身权的对称。它具有物质财富的内容，一般可以货币进行计算。财产权包括以所有权为主的物权、准物权、债权、继承权以及知识产权等。在婚姻、劳动等法律关系中，也有与财物相联系的权利，如家庭成员间要求抚养费、赡养费的权利，夫妻间的财产权，和基于劳动关系领取劳动报酬、退休金、抚恤金的权利等。财产权是一定社会的物质资料占有、支配、流通和分配关系的法律表现。

我国公民享有的财产权有财产所有权和继承权等。财产所有权是公民享有的一项最基本的财产权利。公民私人所有财产的范围包括：公民的合法收入、储蓄、房屋和其他生活资料；依法归个人所有的股份、股票、债券和其他财产。《物权法》规定，私人对其合法的收入、房屋、生活用品、生产工具、原材料等不动产和动产享有所有权。

财产所有权是指财产所有人对自己的财产享有的占有、使用、收益和处分的权利。所有权人不仅可以享有这些权利，而且可以依据法律或者合同授权他人行使所有权中的一项或数项权利。未成年人行使对自己的财产的处分权是要受到自身年龄，智力状况的限制的。如果未成年人行使财产处分权的行为与其年龄，智力状况是相适应，那么这种处分行为在法律上是有效的，其行为后果受法律的保护。如果其处分财产的行为与其年龄，智力状况不相适应，那么法律是不予承认和保护的。总而言之，公民行使财产所有权不得违反法律的规定。

公民个人财产所有权的取得，分为原始取得和继受取得两种类型。所谓原始取得，就是指所有权的第一次产生或者不以他人的所有权为依据而取得的所有权，一般有生产所得、天然收益等；所谓继受获得是指通过合法方式而取得原财产所有人的所有权，如通过合法买卖所得、合法接受赠与所得、合法继承所得等。

公民个人的财产所有权的取得，不得违反法律规定。不具有合法性的私有财产，不受法律保护。

公民为获取财物所进行的劳动，必须是合法劳动，其所得是合法的。同时，公民获取财物所进行的劳动，也不能违反法律的其他规定，如在进行经营活动中不得违反公平竞争的法则进行不正当竞争等。因此，劳动必须是合法劳动，其所得是合法的。

青少年依法也享有财产权，因此我们必须学会依法保护个人的财产所有权。

增强法律意识。我们应学习法律关于保护个人合法财产的知识，了解自己在财产所有权方面享有哪些权利，以及如果受到伤害，该如何寻求法律救济，从而依法保护好自己的合法财产。同时，我们也要依据法律的要求，尊重别人的财产所有权，不随便拿别人的东西，损坏别人的东西应主动赔偿。

合理使用零花钱。随着家庭财富的增加，同学们手中的零花钱也多了，该怎样使用零花钱，是青少年要注意的问题。我们一方面要提倡科学的适度消费，另一方面也要在消费中依法保护自己的合法利益。

在监护人的协助下管理好自己的财产。管理自己财产的方法很多，包括储蓄和保险。把自己多余的钱存入银行既保险又能产生一定的利息。而选择一份适合自己的保险则能防患于未然，保障财产安全。

法律辞典

《中华人民共和国宪法》第 13 条：公民的合法的私有财产不受侵犯。

《物权法》第 65 条：私人合法的积蓄，投资及其收益受法律保护。国家依照法律规定保护私人的继承权及其合法权益。

（四）隐私权

王某是某中学的学生，假期里，王某的妈妈发现女儿一段时间以来电话频繁，还有个男孩常在她家楼下徘徊，便找到班主任苏某反映。苏某发现王某和班里一个男生关系比较密切后，便在课堂上，教室里多次翻看其书包，日记以及给其他同学的信件，还下令不许同学和王某说话。王某以班主任侵犯她的隐私权为由，一纸诉状将自己的班主任老师告上法庭，要求班主任老师给自己赔礼道歉并赔偿一定的经济损失。法院经审理认为，班主任在对王某进行教育管理中，确有翻看其书包、日记等行为，侵害了她的隐私权，造成了一定的损害，判决被告向王某赔礼道歉并给予一定的精神抚慰金。

每个人都有不愿让人知道的生活秘密，这个秘密在法律上称为隐私。一般从理论上认为凡是个人不愿意让别人知道的关于个人的生活各种各样的信息都是隐私，如自己家庭的电话号码、储蓄状况、其他的财产状况，还有日记、信件以及个人的身体状况、病历等等。

自己的秘密是否让人知道是每个人自己的权利，这个权利就是隐私权。隐私权是指公民享有的个人生活不被公众知晓，禁止他人非法干涉的权利。包括隐私隐瞒权，即公民对自己的隐私有权隐瞒，使其不为人所知；隐私利用权，即公民可以利用自己的隐私满足自己精神上和物质上的需要；隐私支配权，即公民有权支配自己的隐私，准许或者不准许他人知悉或者利用自己的隐私；隐私维护权，当自己的隐私被泄露或者被侵害的时候，公民有权寻求司法保护。

侵害隐私权的行为方式主要有两种：骚扰、刺探或以其他方式侵害他人的隐私权；泄露因业务、职务关系掌握的他人的秘密。例如，私拆他人信件，偷看他人日记，用望远镜刺探他人的活动，窥探他人的秘密，在他人住处安装窃听器等，不论其是否泄漏，其行为本身就是侵犯隐私权。又如，医生、律师、法官、检察官、公安人员、档案员等因业务和职务而了解他人隐私，未经本人同意将其泄漏出去，就构成侵犯隐私权。

未成年人也享有隐私权，为保护未成年人的隐私权，保护未成年人的身心健康免受伤害，《未成年人保护法》中规定：任何组织和个人不得披露未成年人的个人隐私。《预防未成年人犯罪法》还规定：对未成年人犯罪案件，在判决前，新闻报道、影视节目、公开出版物不得披露该未成年人的姓名、住所、照片及可能推断出该未成年人的资料。

法律辞典

《中华人民共和国宪法》第40条：中华人民共和国公民的通信自由和通信秘密受法律的保护。除因国家安全或者追查刑事犯罪的需要，由公安机关或者检察机关依照法律规定的程序对通信进行检查外，任何组织或者个人不得以任何理由侵犯公民的通信自由和通信秘密。

《统计法》第15条：属于私人，家庭的单项调查资料，非经本人同意，不得泄露。

(五) 荣誉权

1998 年 7 月，贾某作为应届毕业生参加了当年的高考，毕业前她曾获市教委授予的市级"优秀学生干部"称号，按有关规定，她可享受加分提档奖励。而某市教委有关人员在办理过程中，把贾某"学生登记表"中优秀学生干部改成了"三好学生"，并加盖了市教委的印章，而"三好学生"是不加分提档的，结果贾某以 2 分之差失去了她所期望的上一所重点大学的机会。

进入普通高校的贾某及其家人的身心因此都受到重创。贾某母亲曾多次找到市教委及有关部门希望寻求解决，均未得到满意答复。随后他们将某市教委告上法庭。法院经审理判决认为，某市教委的工作人员因过错行为，致使贾某在报考某重点大学的录取中未能享受到市级"优秀学生干部"降 10 分投档的待遇，丧失了可能被录取的期待权，对贾某造成了经济和精神损失，构成了荣誉权的侵犯，判决某市教委以书面形式向贾某赔礼道歉，并在其高考档案中作出书面更正；赔偿贾某经济损失 11733.60 元，精神损失费 3 万元。

案例中的贾某，按正常入学年龄应已满 18 岁。但在其荣誉权受到侵害时，受到了法律救济。当然，在未成年学生的荣誉权受到侵害时，同样会依法受到救济或保护。

荣誉权是指未成年人有权根据其日常生活行为、作风、观点和工作表现获得关于思想品德、学业表现或其他方面形成的积极社会评价以及特定社会组织授予的称号的权利。未成年人的荣誉权，是他们在学习或社会生活中做出优异成绩后获得精神奖励而产生的权利。比如，被选为"十佳少先队员""优秀团员""见义勇为好少年"等。任何组织和个人不得非法剥夺未成年人的这些荣誉称号。未成年人的名誉荣誉权受到法律保护，他人不得诽谤、诋毁，非法定程序，他人不得剥夺。否则，就构成了对未成年人名誉荣誉权的侵犯。

公民有获得和保持荣誉的权利，荣誉权并非每个公民生而有之，只有当公民具备一定的优胜条件才能获得此殊荣，一旦获得即表明该公民具有一种美好的名誉和良好的声望，对该荣誉公民有维护和保持的权利；对于侵害荣誉权的行为公民有提起诉讼的权利。

一般而言，对公民已获得的荣誉称号，其他公民和法人依法律规定不得剥夺、取消公民的荣誉称号，只有在法律规定的场合才允许剥夺公民的荣誉称号。对公民已获得的荣誉称号，侵权人无根据的诬陷使用弄虚作假、谎报成绩骗取的荣誉称号，这种诽谤和诋毁行为不仅是对荣誉称号的损害，也是对公民名誉的损伤。

侵犯公民的荣誉权，公民可以请求侵权人公开赔礼道歉和消除因侵权造成的不良影响，也可以请求侵权人赔偿损失。如果侵权人对公民的请求置之不理，公民还可以向人民法院起诉，要求人民法院强制侵权人立即停止侵权行为，消除影响、恢复名誉、赔礼道歉，并可以要求物质赔偿。

法律辞典

《未成年人保护法》第 46 条：国家依法保护未成年人的智力成果和荣誉权不受侵犯。

《中华人民共和国宪法》第 47 条：中华人民共和国公民有进行科学研究、文学艺术创作和其他文化活动的自由。国家对于从事教育、科学、技术、文学、艺术和其他文化事业的公民的有益于人民的创造性工作，给予鼓励和帮助。

（六）受教育权

齐玉苓与被告人之一陈晓琪都是山东省滕州市第八中学学生。在 1990 年的中专考试中，齐玉苓被山东省济宁市商业学校录取，陈晓琪预考被淘汰，但在陈父原村党支部书记陈克政的一手策划下，从滕州市八中领取了济宁市商业学校给齐玉苓的录取通知书，冒名顶替入学就读，毕业后分配到中国银行山东省滕州支行工作。1999 年 1 月 29 日，得知真相的齐玉苓以侵害其姓名权和受教育权为由，将陈晓琪、济宁市商业学校、滕州市第八中学和滕州市教委告上法庭，要求停止侵害、赔礼道歉并赔偿经济损失 16 万元和精神损失 40 万元。2001 年 8 月 13 日，最高人民法院认定"陈晓琪等以侵犯姓名权的手段，侵犯了齐玉苓依据宪法规定所享有的受教育的基本权利，并造成了具体的损害后果，应承担相应的民事责任。"2001 年 8 月 24 日，山东省高级人民法院根据最高法院批复作出二审判决：陈晓琪停止对齐玉苓姓名权的侵害；齐玉苓因受教育权被侵犯而获得经济损失赔偿 48045 元及精神损害赔偿 5 万元。

受教育权，是我国宪法赋予公民的一项基本权利，也是公民享受其他文化教育的前提和基础。所谓受教育权，指公民所享有的并由国家保障实现的接受教育的权利，即是指公民享有从国家接受文化教育的机会和获得受教育的物质帮助的权利。

受教育权的内容包括受教育机会权、受教育条件权和公正评价权三个方面，其包括两个基本要素：一是公民均有上学接受教育的权利；二是国家提供教育设施，培养教师，为公民受教育创造必要机会和物质条件。如某一个人没有受教育的机会，无法上学，他就丧失了受教育权；如果缺乏教育的物质保障或法律保障，公民的受教育权也可能落空。

我国教育法规定受教育者享有权利的权利有：参加教育教学计划安排的各种活动，使用教学设施、设备、图书资料；按照国家规定获得奖学金、贷学金、助学金；在学业成绩和品行上获得公平评价，完成规定的学业后获得相应的学业证书、学位证书；对学校给予的处分不服向有关部门提出申诉，对学校、教师侵犯其人身权、财产权等合法权益，提出申诉或者依法提起诉讼；法律、法规规定的其他权利。

侵害受教育权的具体表现实际上就是侵害了他人通过教育获得人力资本并最终获得财产利益的可能性。具体来说，是说公民从国家接受文化教育的机会以及获得受教育的物质帮助受到侵害：如：适龄儿童和少年没有依照法律规定接受，国家、社会、学校和家庭没有予以保证国民教。适龄儿童、少年没有入学接受规定年限的义务教育。在义务教育阶段，对学生收学费。父母不让适龄儿童、少年接受义务教育，学校剥夺适龄儿童、少年受教育权，外界因素干扰适龄儿童、少年受教育权等。

法律辞典

《中华人民共和国宪法》第46条：中华人民共和国公民有受教育的权利和义务。

《中华人民共和国义务教育法》第4条：凡具有中华人民共和国国籍的适龄儿童、少年，不分性别、民族、种族、家庭财产状况、宗教信仰等，依法享有平等接受义务教育的权利，并履行接受义务教育的义务。

五、做遵纪守法的小公民

　　民主法治、安定有序，是社会主义和谐社会的重要标志。只有人人自觉遵纪守法，才能维护和谐稳定的政治局面，赢得经济和社会发展的主动权。树立公共意识，严格遵纪守法，是对合格公民的基本要求。作为新时期的青少年，我们也要知法、懂法、守法，做一个遵纪守法的小公民。

（一）维护国家统一和民族团结

　　维护国家统一和全国各民族的团结是我国宪法规定的公民必须履行的基本义务。依法履行维护国家统一和各民族团结的义务，是国家向每个公民提出的爱国主义的具体要求。

　　中华人民共和国政府是中国唯一的合法政府，不允许任何公民以任何方式分裂国家政权，反对任何对抗和否认中央政府领导、搞地方分裂的行为。在完成祖国统一大业方面，更不允许任何人搞分裂祖国的行为。在今天，随着港澳问题的圆满解决，台湾问题也将在两岸同胞的共同努力下得到圆满的解决。无论谁采取了什么样的方法，都不可能阻挡中华民族实现中国统一的历史进程！

　　1. 公民依法履行维护国家统一的义务

　　在中国历史上每一个盛世的出现都得益于统一团结的政治局

面。同样，在今天我国的发展建设中，国家的统一、人民的团结、国内各民族的团结，更是我们事业必胜的基本保证，是中国历史不可逆转的大趋势。

公民的这项政治义务是由我国的宪法规定的，它具体表现在：维护国家主权不被侵犯；维护国家领土的完整；维护国家政权的统一。

我国是统一的多民族国家，中央政府是国家最高行政机关，有权领导各级地方政府。我国的国家政权是统一的。中央要照顾地方，地方要服从中央。任何公民都不能破坏国家政权的统一，各地方都不能对抗中央，搞地方分裂。我们每个公民都有维护国家政权统一的法定责任。

2. 公民依法履行维护全国各民族团结的义务

我国是一个统一的多民族国家。民族团结关系到中华民族的生死存亡，关系到国家的安危和各族人民的根本利益，是社会主义民族关系的主线，是做好一切工作的根本前提和保证。没有民族团结，就没有社会的稳定；没有民族团结，就没有经济的发展；没有民族团结，构建社会主义和谐社会就无从谈起。各民族只有同心同德、携手共进，才能巩固和发展民族团结、生动活泼、安定有序的政治局面，形成中华民族强大的凝聚力和牢固的向心力，更好地实现中华民族的伟大复兴。

《中华人民共和国宪法》第 4 条规定：中华人民各民族一律平等。国家保障各少数民族的合法权利和利益，维护和发展各族

的平等、团结、互助关系。禁止对任何民族的歧视和压迫，禁止破坏民族团结和制造民族分裂的行为。

只有尊重各少数民族的风俗习惯和各种禁忌，才能消除历史上遗留下来的民族隔阂，维护民族团结。各民族对本民族的风俗习惯有着特殊的感情，有的引以为豪，有的奉为神圣，不容他人亵渎。如果一个民族的风俗习惯被人尊重，他们就认为是对自己整个民族的理解与尊重，从而表现出友好、愉悦；反之，如果本民族的风俗习惯受到嘲弄、侵犯，他们就会表现为愤怒、不快乃至仇恨，有的甚至会酿成不幸。可以说，任何不尊重民族习惯的言行都很容易刺伤民族感情，影响民族团结，不利于各民族的平等、团结、共同繁荣。因此，我们必须尊重少数民族的风俗习惯，我们在学校生活中，应以实际行动自觉履行维护各民族团结的义务，破坏国家统一和各民族团结要负法律责任。

在新的历史条件下，进一步加强民族团结，是全面建设小康社会，加快推进社会主义现代化建设的必然要求；是促进各民族共同繁荣发展，构建社会主义和谐社会的必然要求；是在新的时代条件下继续把解放思想引向深入，把改革开放伟大事业推向前进的必然要求。我们要着眼于国际大环境和世界发展的总趋势，从确保国家长治久安的战略高度，充分认识促进民族团结进步的重要性和紧迫性，增强政治责任感和历史使命感，不断把民族团结进步事业推向新的阶段。民族团结无论是过去、现在还是将来，都是我们经受各种困难和风险的考验，不断胜利前进的重要保证。

 **法律辞典**

《中华人民共和国宪法》第 52 条规定："中华人民共和国公民有维护国家统一和全国各民族团结的义务。"

《中华人民共和国宪法》第 54 条规定："中华人民共和国公民有维护祖国的安全、荣誉和利益的义务，不得有危害祖国的安全、荣誉和利益的行为。"

（二） 遵守公共秩序

2002 年 4 月 20 日下午 1 点多，在开往东直门总站的 359 路公共汽车上，一个身高 1 米 8 以上中年外国男子突然对好言劝说他不要把脚放在汽车引擎盖上的中国女司机孟秋生大打出手，被打得鲜血直流的孟大姐被迫紧急停车。该名外国男子还殴打上前劝阻的乘客，用下流的语言和动作辱骂围观的群众，在记者采访拍照时还追打、威胁记者。在场的乘客和群众人人义愤填膺，但大家都采取克制的态度，协助 110 巡警将该名外国男子抓获。

根据《中华人民共和国治安管理处罚条例》第 19 条及 22 条的规定，该外国人在公共汽车上扰乱公共秩序、殴打司机和乘客是违反治安管理的行为。公共汽车司机及乘客所受伤害的程度对该名外国人行为的定性极为重要。根据《中华人民共和国治安管理处罚条例》的规定，该名外国人违反治安管理的行为应当被公安机关处以 15 日以内拘留及 200 元以下罚款。同时，需要赔偿被打司机及乘客的损失和负担医疗费。

公共秩序，也称"社会秩序"，指为维护社会公共生活所必需的行为规范和有序状态。它是社会生活保持相对稳定与和谐的不可缺少的因素。其包括生产秩序、工作秩序、教学秩序、营业秩序、交通秩序、公共场所秩序、群众生活秩序等。

公共秩序可称其为一国的政治、经济和法律制度的基本原则，以及基本道德规范和善良风俗的总称。公共秩序在公共生活中的具体要求主要表现为三种形式：一是公共场所和公共生活中的行为准则；二是有关公共场所和活动的法律法规；三是个人在公共场所和活动中的较高的品格追求。

遵守社会公共秩序是我们每个人的责任。公共秩序与每个公民息息相关，因为我们每个人都要在社会中生存，公共秩序越好，人们的生活就越方便、越安全，反之，公共秩序混乱，社会发展就将失衡，人与自然、人与人、人与社会的关系就将恶化、对立，和谐社会的建设就将失去自然基础。所以我们每个人都有义务和责任来保障良好的公共秩序，否则就会受到道德的谴责，如果行为造成严重后果，就要被追究法律责任。

公共秩序对于社会和谐具有重要的意义。有序的公共生活是构建和谐社会的重要条件。建立平等、互助、协调的和谐社会，一直是人类的美好追求。构建社会主义和谐社会，是中国共产党从全面建设小康社会、开创中国特色社会主义事业新局面的全局出发提出的一项重大战略任务。我们所要建设的社会主义和谐社会，是民主法治、公平正义、诚信友爱、充满活力、安定有序、人与自然和谐相处的社会。在这些要素中，安定有序是构建社会主义和谐社会的必要条件。一个社会安定有序，本身就是不同利益群体各显其能、各得其所而又和谐相处的表现。在动荡不安、混乱无序的状态下，人民群众不可能安居乐业，社会和谐也就无从谈起。因此，有序的公共生活是构建和谐社会的重要条件。

有序的公共生活是经济社会健康发展的必要前提。随着公共生活领域的扩大，个人活动对他人和社会造成的影响也越来越大。社会成员无论职业、地位、身份如何，只要进入公共场所，都应当自觉遵守公共生活规则，这是维护公共生活秩序以及经济社会健康发展的必要前提。在社会公共生活领域日益扩大的今天，生产活动与日常生活也出现了越来越多的交叉重合现象。例如，商场对于生产者、经营者来说，是销售商品、实现利润的场所；对于消费者来说，则是购买商品、满足生活需要的地方。电子商务改变了传统的"面对面"的交易方式，使网络不仅成为人们通讯娱乐休闲的工具，也成为现代生产经营活动的重要场所。生产场所与生活领域交叉重合的情况，使公共秩序的状况对社会生产活动产生了直接的影响。

有序的公共生活是提高社会成员生活质量的基本保证。追求更高的生活质量是全体社会成员的共同要求。在经济发展使人们的温饱问题基本解决以后，社会成员必将对进一步提高生活质量产生迫切的需求，人们更需要良好的社会风气和舒心的生活环境，这些都需要不断改善社会公共秩序作为保障。良好的社会公共秩序，是社会成员生活质量提升的一个重要标志。

有序的公共生活是国家现代化和文明程度的重要标志。改革开放以来，我国经济飞速发展，综合国力显著增强，经济建设取得了举世公认的巨大成就。与此同时，政治建设、文化建设和社会建设也取得了显著成绩。人们在公共生活领域的文明程度和秩序意识有了很大的提高，这是社会文明发展的重要表现。但也应当看到，中国有两千多年的封建社会史，一些传统陋习的惯性仍然在今天的公共生活中时有所见。例如，在公共生活中依然可以见到一些公德缺失的不文明现象：不爱护公物、随地吐痰、排队加塞、过马路闯红灯、在公共场合大声喧哗等。

近年来，我国一些城市从建立良好的社会公共秩序入手，努力提高城市文明程度。有一批城市成为文明城市建设的典范。在这些城市，道路通畅，没有占道经营的摊位、乱停乱放的自行车和乱七八糟的街头小广告；公共场所听不到污言秽语，看不到打架斗殴；街道上没有痰迹、烟头、纸屑和其他垃圾。这从一个侧面说明，有序的公共生活已成为衡量一个国家或地区现代化和文明程度的重要尺度。

道德和法律是人类维护公共生活秩序的两种基本手段。我国社会主义法律和社会主义道德在本质上一致的。道德和法律是两种不同的社会规范。但道德和法律相互联系、相互渗透、相互补充、相互作用、相辅相成。

法律贯穿了道德精神，可以培养人们的道德品质和高尚的情操，以自己的规范作用培养人们遵守道德规范的责任感。

道德是健全法制、厉行法治的重要因素。立法者制定法律、法规时，必然要考虑道德规范和道德要求，把道德精神渗透在法律规范中。

人类维护公共生活秩序的手段最初是自发形成的，随着经济社会的不断进步，公共秩序日益重要和复杂化，人类便愈加自觉地采用各种手段去维护公共生活秩序。在原始社会，原始人主要以图腾、禁忌、风俗等形式作为共同生活中必须遵守的规则。进入阶级社会以后，维护公共秩序的基本手段有了进一步发展。一方面，一些在长期社会公共生活中形成的、得到社会成员广泛认可的规范以民间风俗、礼仪和宗教教规、戒律的形式继续发挥作用；另一方面，一些公共生活中的基本秩序及其规范开始以成文法的形式出现，以强制的方式对人们在公共生活中的行为作出限制和规定，以维护社会的正常运行。

公共生活中的道德和法律所追求的目标是一致的，都是通过规范人们的行为来维护公共生活中的良好秩序，实现社会稳定和经济发展。虽然道德和法律发挥作用的方式有所不同，但是二者又互为补充、相辅相成，法律中包含有道德，道德规范中也具有法律内容。良好社会秩序的形成、巩固和发展，要靠道德，也要靠法律。

在公共生活中，道德可以用来调节、规范人们的行为，预防犯罪的产生。道德是法律的补充。社会生活是纷繁复杂的，法律的属性决定了它不可能把复杂而广泛的社会关系全部纳入其调控的范围，因为其发挥作用的范围是有限的。道德发挥作用的领域更加广泛，它能够调整许多法律效力所不及的问题，不仅深入到人们在社会生活中的各个方面，而且还深入到人们的精神世界。道德能提高整个社会的道德水准，为法律的实施创造外部条件；道德还能提高个体的道德素质，为法律的实施创造内部条件。

总之，在维护社会公共生活秩序中，必须综合运用风俗、道德、纪律、法律等手段，规范和养成良好的行为习惯，约束和制止不文明行为，维护社会公共秩序，形成扶正祛邪、扬善惩恶的社会风气。

 **法律辞典**

《中华人民共和国刑法》

第 158 条：禁止任何人利用任何手段扰乱社会秩序。扰乱社会秩序，情节严重，致使工作生产、营业和教学、科研无法进行，国家和社会遭受严重损失的，对首要分子处五年以下有期徒刑、拘役、管制或者剥夺政治权利。

第 160 条：聚众斗殴、寻衅滋事、侮辱妇女或者进行其他流氓活动，破坏公共秩序，情节恶劣的，处七年以下有期徒刑、拘役或者管制。

（三）爱护公共财产

潘星兰、杨大兰的故事为我们树立了很好的榜样，她们是湖北省枝江县董市镇桂花农业银行分社的营业员，1989 年 12 月 25 日清晨，她们正在银行金库值班，突然听到一阵响动。两个蒙面歹徒，把 4 把匕首架在她俩脖子上，逼她们交出钥匙。潘星兰身上被歹徒捅了 11 刀，左耳也被割下仍勇敢地与歹徒搏斗，后来疼得她昏了过去。杨大兰趁另一个歹徒不注意，把歹徒推倒在地，大声呼救，被歹徒连砍数刀，壮烈牺牲。潘星兰苏醒过来，发现银行的钱被盗，强忍剧痛，爬到外面报警。公安人员立即出动，不到 48 个小时，就抓住了那两个歹徒，追回了被盗的钱。潘星兰、杨大兰为保护国家财产，不畏强暴，把个人生死置之度外，为全国人民树立了榜样。

公共财产是全民所有制集体所有制的财产，还包括一切公共场所的设施等，它是建设社会主义现代化国家的物质基础，是人民辛勤劳动的成果，与我们每个人的利益息息相关，受国家法律保护。凡是国家和集体的财产都属于公共财产。前者是国家所有权即全民所有权，国有财产一般由国务院代表国家行使所有权；后者是集体所有权。

根据我国《刑法》第 91 条，公共财产包括国有财产，劳动群众集体所有的财产，用于扶贫和其他公益事业的社会捐助或者专项基金的财产等。根据《物权法》的规定，属于国家所有的财产有：矿藏、水流、海域；城市的土地；法律规定属于国家所有的农村和城市郊区的土地；森林、山岭、草原、荒地、滩涂等自然资源（法律规定属于集体的除外）；法律规定属于国家所有的野生动植物资源；无线电频谱资源，法律规定属于国家所有的文物；国防资产；法律规定为国家所有的铁路，公路，电力设施，电信设施和煤气管道等基础设施。《物权法》规定属于集体的动产和不动产包括：法律规定属于集体的所有的土地和森林，山岭，草原，荒地，滩涂；集体所有的建筑物，生产设施，农田水利设施；集体所有的教育，科学，文化，卫生，体育等设施等。

公共财产与公民的个人利益息息相关，爱护公共财产是宪法规定的公民的一项基本义务，每个公民在工作、劳动和生活中必须承担爱护和不挥霍公共财产的义务，必须承担负责使用和保管公共财产的义务，国家鼓励并提倡公民同侵犯公共财产的违法行为作斗争，公共场所的电影院、公园、体育场，出门乘坐的公共汽车、火车、飞机，国家和集体企业的厂房、机器设备、生产材料，还有矿山、油田、桥梁、铁路、公路等。

对待公共财物是爱护、保护，还是浪费、破坏，是一个公民有没有社会主义道德的反映。每个公民都应该自觉遵守社会公德，爱护公共财物。一要爱护本单位的公物，做到公私分明，不占用公家的财物，不化公为私。但在实际生活中，有些人不爱护机器、设备；有些人在家里千方百计节约用电、用水，在单位却对"长明灯""长流水"满不在乎、视而不见；有些人甚至化公为私，随意占用公家财物，并认为"公家的东西不拿白不拿"。二要爱护公共设施，如电话亭、路灯及有关通信线路、交通设施等，还要包括保护文物古迹，使其为更多的人服务。有些人不注意爱护公共设施，我们遗憾地看到：街头的公益广告牌被故意损坏，宣传橱窗的玻璃被人为破坏，一些人就是喜欢在公园、文物古迹等地"信手题词"；有的人甚至把公共设施视为"发财致富的源泉"，恶意偷盗窨井盖，导致夜间行人受伤致残。三要敢于同侵占、损害、破坏公共财物的行为作斗争。有些人经常抱怨公用设施差，但是对随意破坏、损害公共设施的行为无动于衷，视而不见、见而不问。每一个公民都有责任和义务，同侵占、损害、破坏公物的行为作斗争，时时处处关心和爱护公共财物。

法律辞典

《中华人民共和国宪法》：

第 12 条：社会主义的公共财产神圣不可侵犯。国家保护社会主义的公共财产。禁止任何组织或者个人用任何手段侵占或者破坏国家和集体的财产。

第 53 条，我国公民必须爱护公共财产。

（四）保护知识产权

作家李某所著的书于 1998 年 5 月由某出版社出版。2000 年 10 月 24 日，某影视文化中心委托著名作家夏某创作反映某著名实业家生平事迹的另一作品出版。李某以该书侵犯其著作权为由提起诉讼。经法庭审查，夏某书中的文字表述，有将近 2 万字与李某的书基本相同，有多处表述是根据李某一书的意思扩写而来。从整体看，被告的作品在基本情节的设置和一些普通人物的安排方面，与原告的作品有实质性相似之处，构成对原告著作权的侵犯。法院经过审理后判决夏某停止侵权、赔礼道歉、赔偿侵权损失 9 万元，判决夏某所写书的出版社和销售商停止侵权。

获取知识是实现人智能化的首要前提。知识通过社会交流传播，通过市场正常交易，并取得知识资产的价格收入，因此知识价值的存在，成为知识产权的基础。相对有形资产产权，知识产权是无形资产产权。

智力成果又称知识产权，是法律赋予人们对其创造性智力成果所享有的某种专有权利。知识产权从权利内容上讲包括人身权利和财产权利。知识产权中的人身权利是基于智力成果创造人的特定身份享有的精神权利，如著作人所享有的发表权、署名权、修改权等；而财产权是指智力成果创造人依法享有获得一定报酬和奖励的权利，如专利、商标及作品的装让费，许可使用费等。

根据我国《民法通则》的规定，著作权、专利权、商标专用

权、发明权、发现权以及
其他科技成果权属于我国
知识产权的范畴。

著作权是指基于文学
创作、艺术和科学作品而
依法产生的权利。著作权
保护的作品范围非常广
泛，包括文学作品、口述
作品、音乐、戏剧、曲
艺、舞蹈、杂技艺术作品等。著作权的权利内容分为著作人身权
和著作财产权。著作人身权包括发表权、署名权、修改权、保护
作品完整权。著作财产权包括复制权、发行权、出租权、展览
权、表演权、放映权、广播权、信息网络传播权、摄制权、改编
权、翻译权、汇编权、注释权和整理权。

专利权是指专利发明人对于其发明、使用新型和外观设计所
享有的民事权利。专利人对其发明的专利享有财产权和人身权。
我国专利法保护的专利发明包括发明、使用新型和外观设计。专
利权人可以独占使用专利，有权禁止他人使用专利，有权处分专
利，有权在产品或者包装上注明专利权标记。

商标权是指法律赋予商标所有人对其注册的商标进行支配的
权利。商标权的客体即商标，是指能够将一经营的商品或者服务
与其他经营者的商品或者服务区别开来，并可为视觉所感知的标

记。商标权的取得，需要经过注册。商标所有人对于自己使用的商标，向国家商标管理机关注册申请，经过审查核准，获得注册之后，即取得商标专用权。商标权包括使用专有权，是商标权人对其注册商标进行使用的权利；禁止权，即禁止他人使用自己已经注册的商标的权利；许可权，即商标权人依据法律的规定，许可他人使用其注册商标的权利；转让权，即将其注册商标依法转让给他人的权利。

当今世界，知识的作用越来越突出，对知识产权的保护有助于为社会创造更多的财富，有助于丰富人们的生活。因此我们要增强保护知识产权的法律意识。尊重他人的知识产权。同时积极参与社会对知识产权的保护。我们要从自身做起，从自己身边的小事做起，如不剽窃、抄袭他人作品；引用他人作品要注明出处；不购买盗版书籍、盗版光盘等。

 **法律辞典**

《中华人民共和国著作权法》

第 12 条 改编、翻译、注释、整理已有作品而产生的作品，其著作权由改编、翻译、注释、整理人享有，但行使著作权时，不得侵犯原作品的著作权。

第 29 条 图书出版者出版图书应当和著作权人订立出版合同，并支付报酬。

（五）保护国家文物

2006 年 3 月，内蒙古某公司在修筑铁路时，未经申报批准就擅自在明代长城遗址进行施工，并不顾文物部门绕行、钻道、架桥的建议继续施工，致使明长城遗址和三处古村路遗址遭受严重破坏。2006 年 10 月，内蒙古文物局根据《文物保护法》，《行政处罚法》有关规定，下达了对该公司罚款 50 万元的行政处罚决定书。

文物在词典上的释义为：遗存在社会上或埋藏在地下的人类文化遗物。包括具有历史、艺术、科学价值的文化遗址、墓葬、建筑和碑刻；各时代珍贵的艺术品、工艺美术品以及生活用品；重要的文献资料以及具有史料价值的手稿、古旧图书；反映各时代社会制度、社会生产、社会生活的代表性实物。

文物的基本特征是：必须是由人类创造的，或者是与人类活动有关的；必须是已经成为历史的过去，不可能再重新创造的。当代中国根据文物的特征，结合中国保存文物的具体情况，把"文物"一词作为人类社会历史发展进程中遗留下来的、由人类创造或者与人类活动有关的一切有价值的物质遗存的总称。

我们中华民族 5000 年的文明史，为我们留下了众多的历史文物和名胜古迹，这些文物和名胜古迹是中华民族的象征，也是历史留给我们的无价之宝，是金钱买不到的，它们从不同的侧面反映了各个历史时期人类的社会活动、社会关系、意识形态以及

利用自然、改造自然和当时生态环境的状况，是人类宝贵的历史文化遗产。经过多少年的风风雨雨和战乱，流传至今的文物相对来说已经不多了，有的文化古迹已经遭到严重的破坏。而且随着时间的推移，能够留传于世的文物会越来越少。

举世闻名的万里长城是我们中华民族的骄傲，但是随着开发力度的增大和游人的增多，给长城带来了显而易见的破坏。人们能把塑料袋、矿泉水、废纸、果皮等物品带上长城，却不能把这些物品再带下长城。用相机拍下与长城美丽景色的亲切合影不够，还要在长城上刻上"某某到此一游"，使得长城被笑称为中国最大的 BBS。当地居民"靠山吃山"的做法的确把长城当成自己的家了，可是他们忘了，长城是国家的。当你向它索取的时候，你又向它奉献了什么？还有那些开发商们，他们觉得自己肆无极端的建筑可以和长城相媲美吗？难道也可以成为世界遗产吗？这些加速了长城周围自然景观破坏的建筑，像一颗颗毒瘤，对长城造成了极坏的影响。

日用品坏了，可以再生产制造文物呢？它不能再生产，再生产出的东西不是文物，是仿制品或赝品，是没有任何文物价值的。文物一旦损坏，就永远不能复原。没有众多的文物史迹，文明古国也就名存实亡，失去其传统的风采和内涵。

除此之外，我国的大量文物流失国外的现象也很严重。据中国文物学会的统计，自1840年鸦片战争以来，因战争、不正当贸易等原因，致使大批中国珍贵文物流失海外。在此期间，超过1000多万件中国文物流失到欧美、日本、东南亚等国家和地区。据了解，这1000多万件海外珍藏文物几乎涵盖所有文物种类，包括书法、绘画、青铜器、陶瓷、雕塑、甲骨、典籍等各类珍品，主要分布在英国、法国、美国、日本等国家。中国自2003年7月开始启动国宝工程，宗旨是抢救流失文物，保护文化遗产。

作家冯骥才曾说过，保护文物遗产是我们的责任。保护文化遗产是一个古老民族生命记忆的延续，是对一个民族生存精神和生命智慧的延续，结合文化存在的认知过程，更是一个具有人类发现和理性精神的民族文化的整合过程。它是我们的精神家园，你又怎忍心将它毁在自己的手中呢？不，这更不能。保护文化遗产是一条漫长而艰辛的道路，就让我们携起手来，从自己做起，从现在做起，一起在这条路上共进，用我们纯洁的灵魂守护自己的精神家园，让它永葆青春！

法律辞典

《文物保护法》第2条　在中华人民共和国境内，下列文物受国家的保护：

（一）具有历史、艺术、科学价值的古文化遗址、古墓葬、古建筑、石窟寺和石刻；

（二）与重大历史事件、革命运动或者著名人物相关的以及具有重要纪念意义、教育意义和史料价值的近代现代重要史迹、实物、代表性建筑；

（三）历史上各时代珍贵的艺术品、工艺美术品；

（四）历史上各时代重要的文献资料以及具有历史、艺术、科学价值的书稿和图书资料等；

（五）反映历史上各时代、各民族社会制度、社会生产、社会生活的代表性实物。

（六）保护野生动物

1996年至1999年7月，被告人杨某在宜昌县务渡河镇、殷家坪乡等地非法猎捕大鲵10只，非法收购大鲵9只，非法出售大鲵10余只。法院经过审理认为被告人杨某犯非法猎捕珍贵、濒危野生动物罪，判处有期徒刑1年，并处罚金3000元；犯非法收购、出售珍贵、濒危野生动物罪，判处有期徒刑6个月，并处罚金 4000 元。

　　野生动物是人类的朋友，是自然生态系统的重要组成部分，是大自然赋予人类的宝贵自然资源。保护野生动物，维护自然生态平衡，不仅关系到人类的生存与发展，也是衡量一个国家、一个民族、一个城市文明进步的重要标志。

　　我国是一个野生动物资源非常丰富的国家，也是世界生物物种最丰富的国家之一，共有哺乳类动物有 499 种、鸟类 1186 种、爬行类动物 376 种、两栖类动物 279 种、鱼类 2084 种，分别占世界同类动物种类的 12.5%、13.1%、 6.0%、 7.0%、12.1% 但现在已经有 1431 种动植物处于濒危或接近濒危状态，如犀牛、高鼻羚羊、新疆虎、野马、叶猴等 10 多种珍贵动物已经灭绝或基本绝迹。另外大熊猫、金丝猴、长臂猿、东北虎、亚洲象、野骆驼、白鳍豚、朱缳、黑颈鹤、扬子鳄等 20 多种珍稀动物濒临灭绝，大自然的生态平衡被破坏，益虫被杀，害虫猖獗；森林被伐，灾害频繁；植被破坏，土地沙化……

　　随着互联网产业的迅速发展和网络贸易的快速普及，野生动物制品开始被不法分子搬上"网店"，网络交易的隐蔽性、匿名性和不规范性以及托运行业的监管不到位等诸多因素，让网络中的野生动物贸易被公认为是交易濒危野生动物的最佳途径之一。正因为这样，许多野生动物遭到人们的商业性开发，由于被认为"皮可穿、羽可用、肉可食、器官可入药……"便被肆意捕杀，导致灭绝。如北美野牛、旅鸽等。据统计，全球野生动物年非法贸易额达 100 亿美元，与贩毒、军火并称为三大罪恶。海狗因人类进补之需而血溅北极，藏羚羊因西方贵妇人戴"沙图什"披肩炫耀之需而暴尸高原。为向日韩出口熊胆粉，近万头熊被囚入死牢，割开腹部抽取胆汁；为取犀角使犀牛遭受"灭顶之灾"；为穿裘皮，虎豹都犯了"美丽错误"……为养宠物、为表演取乐、为医药实验……无数生灵都被列为"合理开发利用"的对象……对地球生态平衡起至关重要作用的野生动物都成了人们待价而沽、肆意开发的商品。

随着人们生活水平的提高，野味成了宾馆饭店招徕生意的招牌，蛇、鹿肉甚至蝗虫、甲壳虫等都成了尝鲜人口中的佳肴。天上飞的，地上跑的，水里游的，没有人类不敢吃的，而且什么珍稀吃什么，于是珍稀动物越来越稀少，有的几近灭绝。

从法律层面来说，保护野生动物在国家的法律条规中已有明文规定，这不仅意味着保护珍贵野生动物是刻不容缓的，更意味着保护野生动物是每个公民的责任。身为自然大生态系统中的一员，我们在享有自然给予的丰富的自然的同时，也应当担负起保护自然的责任，因此每个有责任心的人都没有理由致自然界的珍贵野生动物于不顾，都没有任何理由像一个局外人一样，肆无忌惮的占有、享用珍贵的野生动物制品。因此我们要依据法律保护野生动物。我们要共同努力，一起行动，从自身做起；拒用野生动物制品，拒食野生动物，让大地处处充满生命的绿色，让野生动物与我们在同一片蓝天下平安地生活。

 **法律辞典**

《野生动植物保护法》第 31 条　非法捕杀国家重点保护野生动物的，依照关于惩治捕杀国家重点保护的珍贵、濒危野生动物犯罪的补充规定追究刑事责任。

《中华人民共和国刑法》第 341 条　非法捕猎、杀害国家重点保护的珍贵、濒危野生动物的，或者非法收购、运输、出售国家重点保护的珍贵、濒危野生动物及其制品的，处五年以下有期徒刑或者拘役，并处罚金；情节严重的，处五年以上十年以下有期徒刑，并处罚金；情节特别严重的，处十年以上有期徒刑，并处罚金或者没收财产。

（七）远离毒品

16 岁的男孩小华虽然从小爱玩好动，但学习成绩还算不错。

这个年纪的孩子，爱打游戏机的挺多，小华也不例外。一次，在游戏机房里，小华认识了一群"哥们"。他们掏出一种白色粉末，围坐在那里吸，一副"飘飘欲仙"的样子，一下子就引起了小华的好奇。当"哥们"怂恿他尝一口时，小华毫不犹豫地伸出了手。有了第一次，就有了第二次、第三次。后来，为了弄钱吸毒，小华开始学会说谎，学也没心思上了，甚至骗取低年级同学的钱。

这个小小年纪的"瘾君子"让我们在叹息之余，更为他对毒品的不设防而痛心。中国国家禁毒委员会最新公布的数据显示：截至2002年底，全国累计登记在册的吸毒人员已达到100万人，其中35岁以下的青少年约占74.2%，16岁以下的超过1万人，在校学生约2000多人。

吸毒能让人意识不清、焦虑、抑郁、坐立不安、颤抖、易怒、失眠，甚至有些类似于精神病躁狂那种性质，很多人到了最后可能出现心脏方面的疾患，出现自杀现象、精神错乱、突发性死亡等，毒品的危害是极大的。

然而无数的案例表明，对毒品的无知和好奇，是青少年初染毒品的重要原因。对毒品的常识、危害认识不足，青少年吸毒者中有相当大的一部分是在不知道毒品危害的情况下吸毒成瘾的。更有甚者误将吸毒视为一种时尚，认为吸毒时髦，是高档消费和富有的象征。有不少青少年是在不知情的状态中被毒贩诱骗而吸毒的，毒品贩子为掩人耳目，同时为了"以贩养吸"，往往设下陷阱，把青少年一个个拉下水。这些陷阱有花言巧语、请客吃饭、递烟、诱骗服用掺有毒品的食物饮料等。还有些青少年则是由于交友不慎，受伙伴压力的影响而吸毒。一些青少年由于父母离异、家庭关系紧张、学习压力大、师生关系不好、高考受挫，以及待业等不顺心的事引起精神苦闷、情绪低落，试图以吸毒麻醉自己，借助吸毒逃避现实。有的人是为了给吸毒者做出戒毒的榜样，不信吸毒戒不了而吸毒；还有的是想要证明自己非同一般而吸毒，这是因为有一种不正常的逆反心理在作怪。

为了使自己远离毒品，我们必须对毒品有正确的认识，避免由于无知而走上吸毒的道路。因此远离毒品，我们必须牢记毒品并不是指氰化物、砒霜、敌敌畏等能在短时间内直接致人死亡的剧毒品，而是指鸦片、海洛因、甲基苯丙胺（冰毒）、吗啡、大麻、可卡因以及国家规定管制的其他能够使人形成瘾癖的麻醉药品和精神药品；牢记吸毒极易成瘾，并极难戒断；牢记毒品害己、害人、害家、害国；牢记吸毒是违法，贩毒是犯罪。

抵制毒品，参与禁毒

为了彻底防范吸毒，青少年应该：

保持心理防线，切记不要盲从。无论在什么情况下，都不应产生尝试毒品的念头，永远同毒品保持距离，不要因好奇而吸毒，不要盲目追星、赶时髦、贪图享受去吸毒。

培养不吸烟的良好习惯，杜绝不良嗜好。预防吸毒也要从不吸烟开始，自觉养成不吸烟的良好习惯。

慎重交友，正所谓"近朱者赤，近墨者黑"。要选择那些有理想、有道德、爱学习、讲文明、守纪律的人作为自己的伙伴和朋友，以免由于交友不慎而与吸烟者、吸毒者为伍。更不要结交有吸、贩毒行为的人。

正确面对挫折，不要为了摆脱烦恼而吸毒。人的生活道路不会是一帆风顺的，人的一生可能要经历诸多挫折和考验，在挫折和失败面前，每一个人都应成为生活的强者，以理智、健康、积极的态度面对挫折，把挫折当成新的征程和垫脚石，从失败中吸取教训、总结经验、孕育成功。

永远不尝第一口。好奇心和冒险心往往成为毒品侵蚀的温床。求新、好奇是人的天性，正确把握它们，能给你的创造带来动力；把握不好，则可能带来灾难。因此要提高自己的自控能力，千万不要去尝试吸毒的滋味。千万不要相信"吸一口没事"，"吸一次不会上瘾"，要记住"吸了第一口，就没有最后一口"；千万不要相信"我吸了不会上瘾，我吸了能够戒掉"，要记住"吸毒有如打开地狱之门"，任何人踏进去，都如同坠入灾难的深渊。为了终生远离毒品，不论出于什么动机，不论出现什么情况，我们都要坚定地把握住自己，永远不要去尝试第一口。

远离不健康的娱乐场所。在紧张的学习、工作之余，跳舞、唱歌、听音乐、美容、美足、洗浴、保健按摩、游戏上网等休闲娱乐活动是现代人生活的一部分，也是保持身心健康的需要。但当前社会上一部分娱乐场所管理混乱，黄、赌、毒等不良行为甚至违法犯罪活动猖獗，一旦走进去就有可能身不由己，陷入深渊。因此，要想洁身自好，当你想去娱乐场所放松身心的时候，就一定要有所选择。尤其是青少年，千万不要涉足那些不健康的场所。

 **法律辞典**

《中华人民共和国治安管理处罚法》第72条：有下列行为之一的，处十日以上十五日以下拘留，可以并处两千元以下罚款；情节较轻的，处五日以下拘留或者五百元以下罚款：

（一）非法持有鸦片不满二百克、海洛因或者甲基苯丙胺不满十克或者其他少量毒品的；

（二）向他人提供毒品的；

（三）吸食、注射毒品的；

（四）胁迫、欺骗医务人员开具麻醉药品、精神药品的。

（八）远离网吧

刘某、宋某均系北京某中学学生，二人因在海淀区"蓝极速网吧"与管理人员发生了摩擦，在刘某的提议下，决定对"蓝极速"实施报复。2002 年 6 月 15 日晚 23 时许，4 人准备了一个雪碧饮料瓶，刘某提供了 5 元钱，宋某和张某出面到附近加油站购买了 1.8 升汽油。然后，4 人一起来到现场。16 日凌晨 2 时许，宋某、张某经刘某同意后，携带汽油、打火机等作案工具，来到网吧楼梯中间平台至一楼入口处，由宋某将汽油点燃，导致 25 人烧死，12 人烧伤，其中重伤 6 人。该案经北京市人民检察院第一分院提起公诉，北京市第一中级法院以放火罪判处刘某、宋某无期徒刑，剥夺政治权利终身；判处张某有期徒刑 12 年。张某因不满 14 周岁，被公安局收容教养。

网络在给我们带来巨大便利的同时，其自身的开放性与难控制性也往往背离了美好的初衷，带来了巨大的负面影响。由于目前的网络管理不够规范，致使网络上既有健康美好的事物，也有低级庸俗的内容，一些自控力较差的学生，难以抵制有害信息的侵蚀，沉溺于网吧之中，沉迷于网聊、网恋、网络游戏，逐渐变得不守纪律、厌学逃学，甚至夜不归宿，心灵受到了毒害，身体受到了损害，学习受到了的影响，有的甚至走上了违法犯罪的道路。

21 世纪是一个充满竞争的信息时代。互联网以其丰富的内容、开阔的眼界、快捷的方式，呈现给了我们一个美丽而精彩的崭新世界。作为当代高科技产物，网络冲击着青少年的学习，影响着青少年的生活。但是，目前那些遍布城乡角落的网吧，使许多学生丢魂失魄、丧失意志、无心学习、前途废弃。据调查，学生上网80%以上是打游戏，15%左右是交友聊天，真正查询资料用于学习的为数极少。有13%以上的男生很喜欢上网或迷恋上网，达到了严重影响学习的地步。网吧已成为目前教育和社会、家庭的一大障碍和症结，也是社会产生忧虑的一大社会焦点。为了加强对互联网上网服务营业场所的管理，规范经营者的经营行为，保障互联网上网服务经营活动健康发展，促进社会主义精神文明建设，国务院颁布了《互联网上网服务营业场所管理条例》，其中明令禁止网吧接纳未成年人进入。

网吧的危害首先表现在摧残青少年的身体。网吧空气混浊，人口密度大，烟味、食物味、汗臭味，味味俱全，机器声、打闹声、脏话声，声声刺耳，卫生、环境条件极差，严重影响着身体健康，青少年学生正是长身体的时候，如果不知饥渴、不分昼夜地泡网吧，其对身体的危害不会亚于大麻、白粉等毒物。

其次，为了吸引未成人日夜上网，不法网吧业主抓住未成人好奇、追求刺激的心理特点，大量提供色情、凶杀、暴力等非法、有害信息，扭曲青少年的是非观、价值观、道德观，使他们染上不良嗜好，严重摧残未成年人身心健康，同时由于网迷对上网有着很强的心理依赖，轻者影响学习、身体，严重者致使心理变态、心态扭曲。

再者，进出网吧的大多是中小学生，小的几岁，大的十七八岁，他们大多没有收入，但上网需要钱，在网吧或外面吃、住、玩也要钱，交朋友、谈恋爱更需要钱。对没有独立经济收入的未成年人来说，先是从家中索取、骗取、窃取，有的青少年为了能弄到钱进网吧，有的结伙敲诈，有的偷盗抢劫。

最后，非法网吧人员混杂，是不法分子甚至流窜犯聚集活动的场所，未成年人经常在这种场所活动，极易结交不良朋友，甚至被人利用、控制、教唆，成为犯罪分子，掉进犯罪团伙的泥坑。由此可见，网吧已成为滋惹是非的一大聚集地。

青少年由于缺乏自制力，长期上网极易患"网瘾综合症"，导致情绪低落、头昏眼花、双手颤抖、疲乏无力、食欲不振，严重的会引起植物神经功能紊乱，导致精神失常。青少年沉溺网络耗费大量宝贵时光，荒废学业，直接冲击学校教学秩序。青少年上网成瘾后，每天大量的时间沉溺于网络，不上网就难受，就像有毒瘾的人不吸毒就烦躁不安一样，其直接后果是浪费学生大量宝贵时间，从而产生厌学、逃学、旷课，夜不归宿，荒废学业，冲击正常的教学秩序。

尽管网吧和网瘾对青少年的危害如此严重，但还是有很对青少年沉溺于网吧和网瘾中不能自拔，这首先是因为青少年认为在网络这个虚拟的世界里获得成功的机会远远高于现实生活，个人可以获得心理满足。现在的青少年都是独生子女，在家中比较孤独，而从心理上说最渴望能与同龄的伙伴交流，在家玩游戏机毕竟是单向的，网上聊天则是一种相对真实的交流，可以宣泄自己内心真实的烦恼、孤独和痛苦。在网上还可以根据自己的喜好扮演一个满意的角色，真实生活中的缺憾可以通过上网制造的虚拟来弥补，比如找异性朋友，实际上就是这个年龄段对异性存在的朦胧意识的反映。

其次，网络的高科技身份，给学生一种借口，给家长一种障碍，学生可以打着学电脑、技术的旗号向家长伸手要钱，而家长对电脑和网络不是很明白，对学生上网是干什么更是无法控制。

再者，网吧给前来泡吧的人提供一种放荡的文化氛围，网民在网吧中可以无所顾忌。一个中学生在家里当着家长的面不可能看那些被限制的内容，但是网吧里就可以随心所欲，寻找刺激、猎奇、偷窥。种种阳光下不能实现的欲望都可以在这里达到。

最后，网络能给青少年一种心理平衡。在一定条件下，网络的使用者之间确实没有高低贵贱之分，不同身份的人都可以在网络上发表自己的看法与见解，并能得到自己所需要的东西。正因为网络的许多特点切合青少年的心理需要，所以青少年对到网吧上网乐此不疲，甚至如痴如狂。

　　网吧带给青少年的危害是毋庸置疑的，因此针对青少年上网成痴，沉溺网吧的原因，作为青少年，我们依照法律远离网吧应该从自身做起，提高抵制诱惑的能力。我们如果抵制不了一点诱惑，我们漫长的人生道路上会摔很多很多跟头。这个世界有金钱诱惑、权力诱惑、美色诱惑，而现实生活中确有不少可怜者葬身于金钱、权力、美色诱惑。要具有较强的抵御诱惑的能力，就必须胸怀大志，不断追求；必须信念专一、永不放弃；必须警钟长鸣、利剑常悬，只有这样，我们才能称为一个真正的人，一个脱离低级趣味的人，一个有益于人民的人。其次我们还要要调整好心态。迷恋网吧的原因有多种多样，有的出于好奇，有的出于消遣、休闲，有的心理负荷大，寻找心理释放，不管哪一种原因，归结起来是心理问题，我们错误的将网吧当作是解开心理问题的灵丹妙药，结果，恰好相反，一旦踏入网吧，有的从此陷入"网"中而不能自拔。因此我们必须树立正确的世界观、价值观、人生观，勇于面对现实、面对困难。同时，应该掌握一定的情绪调控技巧，即使已经产生委屈、难过、害怕、烦恼、苦闷等情绪，也要寻找适当的办法，比如找知心朋友、老师、家长倾诉，合理地宣泄；或转移消极情绪，到野外、花园散散心，到操场跑跑步、打打球，去听听轻快的音乐，去看一场自己喜爱的电影、电视片等等，尽量将消极心态转化为积极因素。

法律辞典

《中华人民共和国未成年保护法》第36条 中小学校园周边不得设置营业性歌舞娱乐场所、互联网上网服务营业场所等不适宜未成年人活动的场所。

营业性歌舞娱乐场所、互联网上网服务场所等不适宜未成年人活动的场所，不得允许未成年人进入，经营者应当在显著位置设置未成年人禁入标志；对难以判明是否已成年的，应当要求出示身份证件。

（九）远离暴力犯罪

李某是高中生，因和同学王某发生了纠纷，心中便有怨气，在心里发誓要报复王某。李某在口袋里藏了把水果刀，趁王某不备将王某刺成重伤。法院以故意伤害罪依法判处李某有期徒刑三年，并责令民事赔偿。李某面对纠纷，不是和同学沟通和解而是以暴力反击，引发血案。尽管法律对未成年人给予了特殊的保护，但是犯了罪就要承担刑事责任。因此我们在面对纠纷时要选择恰当的方式解决矛盾，而不是意气用事，否则会害人害己。

青少年暴力犯罪是指青少年凭借其自身的自然力或借助一定的具有杀伤性能器械以强暴手段或以其他危险方式，对人或物施暴并造成了一定损害后果或有造成损害危险的严重危害社会的行为。近年来，青少年暴力犯罪在我国一般暴力犯罪中的比例呈现逐年递增的态势，当前青少年暴力犯罪主要集中于故意杀人、故意伤害、强奸、抢劫等典型暴力犯罪。此外，放火、爆炸、绑架、聚众斗殴、寻衅滋事等其他凭借暴力手段实施的犯罪，在青少年暴力中也占相当比例。低龄人群的江湖习气和"暴力崇拜"现象日趋严重，心理上的狭隘、自私、唯我独尊、好占上风是青少年走上犯罪道路的主要诱因，而不良社会环境的熏染，错误的家庭教育方式以及心理健康教育的缺失则是不容忽视的外部原因。

青少年暴力犯罪案件居高不下，涉案人员数量逐年增大且出现低龄化趋势，青少年暴力犯罪形势严峻。近几年青少年暴力犯罪不仅在青少年犯罪中比例大幅上升，其数量一直居高不下，而且青少年暴力犯罪在全国暴力犯罪中也占相当大的比重，业已成为治理我国青少年犯罪和全国暴力犯罪的症结所在。据统计，1985 年全国杀人、抢劫、强奸三类案件作案成员中，青少年占41.6%，1986 年占40.01%，而 1986 年全国 14～16 岁进行杀人、抢劫、放火、爆炸等严重暴力犯罪的绝对人数，比 1985 年增加了 1 倍。此外，青少年暴力犯罪所涉及的人数，尤其是 18 岁以下青少年犯罪的人数也日益增多，呈直线上升趋势，也即当前青少年暴力犯罪出现低龄化趋势。

据有关部门调查，青少年暴力犯罪中团伙犯罪占 70% 左右，有的地区甚至达 95% 以上。他们结成或大或小的团伙，成群结帮进行刑事犯罪。这种情况较成年人远为常见，是目前青少年暴力犯罪的主要形态。这些青少年暴力犯罪团伙大多以危害社会的信条维系其生存，封建主义的"江湖义气"、行帮思想和享乐主义思想构成了这些犯罪团伙的精神支柱，其中以抢劫、强奸、故意伤害、打架斗殴寻衅滋事等团伙犯罪表现尤为突出。青少年暴力犯罪一般背景简单，动机单纯，尤其是在抢劫、流氓、强奸、轮奸、斗殴等暴力犯罪中表现明显。并且青少年暴力犯罪呈激情冲动性、突发盲目性，且法制道德观念淡薄，特别是法制观念严重缺乏。

面对青少年暴力犯罪的这种状况，我们青少年要自觉提高自身修养，加强世界观、人生观、价值观的改造。尤其要正确对待青春期生理心理问题，学会以正确方法发泄自身消极情绪，调节自我心理，提高心理素质。要着重提高自身法律素质，自觉守法护法，尤其要遵守《预防未成年人犯罪法》，如，不随身携带管制刀具，不打架斗殴，不酗酒等，杜绝自身的不良行为，特别是暴力行为。

同时，青少年要积极追求健康文明，远离低级的暴力色情文化，并转变"江湖义气"的哥们儿思想，慎重交友，自觉抵制犯罪思想侵蚀。

再者，青少年由于年轻气盛，大多数的纠纷也是由口角引起的，因此我们在日常生活中要注意文明用语，要做到语言美。首先就要尊重对方，宽容他人的过失，不盛气凌人；其次说话要文明，不说脏话、粗话；再次，说话要以理服人，不强词夺理，不恶语伤人。青少年要明白日常生活中矛盾和纠纷是不可避免的。

在面对纠纷时，应当冷静克制，切忌莽撞。无论争执是由哪一方面引起，都要持冷静态度，控制好自己的情绪，做到不用言语去伤害对方。

最后，青少年要珍惜生命、珍惜人生。生命对于我们每个人只有一次，是极其珍贵的。当受了委屈、挨了批评、遇到困难时就离家出走，甚至走上轻生的道路，这样的人生态度是错误的。我们要认识到，每个人的人生道路都不可能是一帆风顺的。当我们遇到困难和挫折时，一定要有勇气面对，要热爱生命、珍惜人生。因此，我们要遵守法律法规，尊重他人的生命健康权，同时要树立法制观念，运用合法的手段为自己讨回公道，切不可实施侵犯他人生命权的行为。

法律辞典

《刑法》第17条　已满十六周岁的人犯罪，应当负刑事责任。对已满十四周岁不满十六周岁的人，犯故意杀人、故意伤害致人重伤或死亡、强奸、抢劫、贩卖毒品、放火、爆炸、投毒罪的，应当负刑事责任。

《民法通则》第119条　侵害公民身体造成伤害的，应当赔偿医疗费、因误工减少的收入、残废者生活补助费等费用；造成死亡的，并应当支付丧葬费、死者生前抚养的人必要的生活费等费用。

（十）同违法、犯罪行为作斗争

一位见义勇为的英雄，却遭到被救者的讹诈、周围人的嘲讽，他发誓再遇到这种情况，坚决不管。可是有一次，当他走在大街上面对一群歹徒蹂躏一个姑娘时，周围群众漠然处之，他也没有忘记自己誓言，转身就走。这时姑娘一声声凄惨的呼声牵动他的心。在他的心灵深处两个声音不停地交锋：一个声音让他快走，多一事不如少一事；另一个声音却说，伸出你援助之手，你的良心何在，正义何在？假如你是那位英雄，你该如何做呢？我们这位英雄挺身而出，周围群众也被感染，一呼百应。在他们帮助下，终于制服了歹徒，救了姑娘。

我们应该向这位英雄学习，见义勇为，敢于同违法犯罪作斗争，自觉保护国家、人民利益不受侵犯。

见义勇为，积极同违法犯罪作斗争，保护国家和人民利益不受侵犯，既是每个公民义不容辞的责任，又是法律赋予我们公民的权利，我国法律鼓励、支持公民同违法犯罪作斗争，并将其明确规定在宪法、刑法、刑事诉讼法当中。同违法犯罪行为作斗争是忠于祖国，忠于社会主义事业，有高度社会主义觉悟和集体精神的表现，而看到违法犯罪现象却视而不见听之任之是懦夫、自私的表现，是应该受到谴责的。因此我们要从小树立见义勇为的意识，坚决同违法犯罪行为作斗争，做个勇于护法的好公民。

青少年既要敢于也要善于同违法犯罪作斗争。在与违法犯罪作斗争时，既要勇敢，又要机智，力求在保存自己前提下，比较巧妙地借助社会力量将不法分子抓获。遇到违法犯罪行为时，首先要冷静，不能贸然行事，要把歹徒人数、长相看清楚，如果能够制服，要勇敢冲上去制服歹徒，扭送公安机关。如果由于力量小，歹徒手上又有凶器，就应当及时喊人，通知周围的群众，同时还要及时拨打"110"，通知人民警察。

青少年要以避免受违法犯罪行为侵害为自己的首要任务，不提倡青少年去同违法犯罪分子面对面搏斗，比较明智的做法是遇事不慌，然后设法摆脱或向四面的大人呼救，或拨打"×××"报警。

假如青少年发现自己正在或已经受到非法侵害的就应该采取正确的途径解决。如及时向学校、家庭或者其他监护人报告，由家长、老师或学校出面制止不法侵害，也可以向公安机关或者政府主管部门报告。

当青少年开始与同伴在一起玩时发现同伴有犯罪意图，你应当制止他，假如你制止不了的话，你就要赶紧想办法远离他，千万不能为了哥们义气跟着同伴去抢劫，因为你一旦到了犯罪现场，即使你没有动手，你也难脱干系。因为受害人不管你具体有什么行为，他只说共有多少人实施了抢劫，你们这些去的人即使没动手也都助了威。所以我们的同学以后如碰到这种情况，一定要保持清醒的头脑，要有自我保护意识，不要惹祸上身。

总之青少年如遇上不法侵害时，不要害怕，一定要沉着、冷静，机智勇敢，要敢于检举揭发，积极同违法犯罪行为作斗争，我们要坚信邪不可能压正的道理，干坏事的心总是虚的，害怕的应该是他们。我国社会主义法律是打击敌人、惩罚犯罪、保护人民的有力武器。每个青少年都应学会运用这个法律武器同违法犯罪作斗争，保护国家和集体的利益，保护自己的合法权益。

 **法律辞典**

《中华人民共和国宪法》

第 2 条：中华人民共和国的一切权力属于人民。

第 33 条：任何公民享有宪法和法律规定的权利，同时必须履行宪法和法律规定的义务。

环境保护篇

环境问题，是当前国际社会普遍关注的热点问题。近年来，黄河的长时间断流，沙尘暴的频频发生等一系列环境问题所带来的危害，使人们越来越清醒地认识到：环境和资源是人类生存和发展的基本条件。能不能有效地保护环境，关系到每个公民的生活质量和切身利益，关系到人们的安居乐业，关系到我们的子孙后代能否持续发展。保护环境，就是保护我们自己。保护环境不仅是我国的一项基本国策，也是社会公德的一项基本要求。

保护环境，首先要增强环保意识。有少数人认为：天空那么大，放点烟气算什么；江河这么多，排点污水算什么；天地这么广阔，有点噪音算什么。我们每个公民都必须明白，"我们只有一个地球"，在经济发展过程中我们不仅要"金山银山"，还要"绿水青山"。其次，要树立"保护环境，人人有责"的观念，从自己做起，从身边的小事做起，努力养成有利于环境保护的生活习惯和行为方式，如自觉节约能源，反对浪费，不乱倒垃圾、污水，不损坏各类环境卫生设施等。此外，还应积极参加植树造林，保护绿化成果。

六、善行从家里开始

现如今，我们从报纸、电视等媒体中看到听到凶猛的洪水，泥沙流，风尘暴，资源匮乏……这样的字眼越来越多，保护我们生活的环境已成为全球面临的迫切任务。家庭是我们生活的重要场所，环保需从家居生活开始做起。

（一）节约家庭用电

随着社会发展，人民生活水平的提高，电能在我国工业、农业、国防、科研和人民日常生活中，以及在国民经济的其他各个部门中，得到愈来愈广泛的应用，它大大地提高了劳动生产率，改善了劳动条件，又提高了人们的物质生活和文化生活水平。但是电能也不是取之不尽、用之不竭的，它是一种极宝贵的二次能源，节约用电也是节约能源的重要内容。通过下列数据我们可以了解 1 度电在工农业生产中有多大作用：电炉炼钢 1.6 千克；生产化肥 0.7 千克；采掘原煤 105 千克；电车行驶 0.85 千米；一次灌溉麦田 330 平方米；机织棉布 11 米等等。因此，我们要节约用电，让每千瓦时的电能都发挥出最大的作用。

当然，节约用电不是让大家不用，而是指在满足正常学习、生活和工作所必需的用电条件下，减少电能的消耗，提高电能利用率。节约用电也就是节约发电所需的一次能源，从而使全国的能源得到节约，可以减轻我国能源和交通运输的紧张程度；节约用电就意味着相应地节省国家对发供用电设备需要投入的基建投资；节约用电也就可以将更多的电能用到那些还比较缺电的地区，用到国家建设更需要的地方。节约用电能够减少不必要的电能消耗，减少家庭的电费支出。

由此我们可以看出家庭节约用电，不仅可以节约家庭支出，也是对国家的贡献。我国是能源匮乏的国家，目前电力供不应求，为了支持国家的经济发展，每个公民都应该有节约用电的意识。

日常生活中，节约用电的方法有很多，下面介绍一些常见家庭用电设备的节电方法。

电热水器：温度尽量控制在适度。冬天高一些，夏天可以调节低一些。这样可以省电。

电蚊香器：不用的时候，记得将电蚊香器的电源开关切掉。长期通电，也许电不是浪费很多，但是长时间的地插着，电蚊香器的寿命至少减低 1/2，造成浪费。

电脑：电脑不用时，如果预计暂停时间小于 1 小时，建议将电脑置于待机，如果暂停时间大于 1 小时，最好彻底关机。尽量使用液晶显示器。相比较而言，液晶显示器更省电。平时用完电脑后要正常关机，拔下电源插头或关闭电源接线板上的开关，不要让其处于通电状态。打印机、音箱等外设不用时要及时关掉。

光驱、软驱、网卡、声卡等暂时不用的设备可以先屏蔽掉。使用CPU 降温软件。降低显示器亮度。在做文字编辑时，将背景调暗些，节能的同时还可以保护视力、减轻眼睛的疲劳度。当电脑在播放音乐、评书、小说等单一音频文件时，可以彻底关闭显示器。尽量少超频。超频，作为技术试验未尝不可，但如果在不超频一样能完全满足性能需要时，还是少超频，这样既节能又稳定还安全。

洗衣机：家中洗衣机其实也是一个用电大户。其仅次于空调。夏天的衣服不是很脏的，能手洗的尽量手洗，省电且比较省水。如果用洗衣机，注意以下几点：

先浸后洗。洗涤前，先将衣物在流体皂或洗衣粉溶液中浸泡10～14 分钟，让洗涤剂与衣服上的污垢脏物起作用，然后再洗涤。这样，可使洗衣机的运转时间缩短 1/2 左右，电耗也就相应减少了 1/2。用水量适中，不宜过多或过少。水量太多，会增加波盘的水压，加重电机的负担，增加电耗；水量太少，又会影响洗涤时衣服的上下翻动，增加洗涤时间，使电耗增加。正确掌握洗涤时间，避免无效动作。衣服的洗净度如何，主要是与衣服的污垢的程度、洗涤剂的品种和浓度有关，而同洗涤时间并不成正比。超过规定的洗涤时间，洗净度也不会有大的提高，而电能则白白耗费了。

电灯：做到随手关灯，家里尽量不使用十几个灯头的大吊灯，还可以使用节能灯。灯具至少每 3 个月定期清洁一次，因为灯具久未清洗时，灯管及反射罩等逐渐聚积尘埃，导致输出效率降低，浪费电能。对于白炽灯及日光灯管，由于长时间使用后，其输出光束会大大降低，因此要定期更换老旧灯管，既可提高室内照明度，更可节约用电。

空调：研究表明，空调温度保持在 26 摄氏度，人体感觉很舒适，调温过低则费电。由于空调启动时最耗电，因此不要常开常关空调；保持过滤网清洁；由于"冷气往下，热气往上"的原理，因此家里空调安装位置宜高不宜低。另外，空调不要加装稳压器，因为稳压器是日夜接通线路的，空调不用时也相当耗电。

冰箱：冰箱放置地要选择在室内温度最低，空气流通，不受阳光直射的地方。开门次数要少；存放食品，要待食品凉到室温后再存入冰箱内；及时化霜，冷凝器、冷冻室要保持清洁，以利散热。

电视：在家里看电视时，要注意控制亮度，一般彩色电视机最亮与最暗时的功耗能相差 30 ~ 50 瓦；控制音量，音量大，功耗高，每增加 1 瓦的音频功率要增加 3 ~ 4 瓦的功耗。此外，为电视机加防尘罩，也可起到省电的效果，因为灰尘多了就可能漏电，增加电耗，防尘罩可有效防止电视机吸进灰尘。

电饭锅：用电饭锅煮饭时，只要熟的程度合适即可切断电源，锅盖上盖条毛巾，可减少热量损失；煮饭时应用热水或温水，可省电 30%；电饭锅用毕立即拔下插头，既能减少耗电量，又能延长使用寿命。

电风扇：电风扇的耗电量是空调的 5% ~ 10%，在天气不太炎热或使用时间较短的时候，使用电风扇更省电。一般家庭用 230 ~ 350 毫米的台扇或落地扇为宜。睡觉前，使用定时装置，防止人睡着了，忘了关风扇。

环保口号

节约光荣，人见人赞；浪费可耻，谁闻谁恶。

节约用电从毫厘开始，节约行动从你我开始。

（二）选购节能家电

节能家电简单地说，就是比普通的家用电器耗能少的家电。我国在 1998 年 10 月成立了专门认定节能产品的机构——中国节能产品认证中心（简称 CECP），CECP 有一系列标准来判别某产品是否属于节能产品。其认证范围是节能、节水和环保产品。

目前我国市场上有 2 种标志可以帮助消费者进行选择，其一是由 CECP 认定公布的中国节能认证标志，另一个就是欧洲能效等级标志。由于我国原有的节能标志只有节能与不节能之分，对节能家电的节能性能没有细致的划分，新的能耗标签又尚未出台，因此一些企业借用了欧洲能耗等级标志。

中国节能认证标志：带有蓝色的"节"字，表明该产品已经通过了中国节能认证。这项认证在 1999 年刚开始进行的时候，

CECP经过调研，选定了当时市场上20%~30%产品能达到的能效指标作为节能指标，把90%能达到的指标作为能效指标的限定值，淘汰掉10%能效指标较低的产品，并引导60%~70%的产品向更高要求靠拢。

欧洲能效等级标识：欧盟家电能效等级为A到G共7个等级，其中最高等级A级的耗电量比同类产品节电45%以上。由于节能性能的不断提升，现在又做了一些修改。修改后将在原有基础上对电冰箱、电冰柜能源标签引入A＋和A＋＋两个等级，对家用洗衣机的能效标签引入A＋等级。新引入的A＋等级耗电量将比同类产品节电58%以上，A＋＋等级耗电量比同类产品节电70%以上。

选择节能的家电无疑是最根本的节电方法。不过，近年开始风行的节能概念，需要家电制造企业在技术力量、资金实力、产品质量等方面的全面支撑。有关专家表示，消费者在选购节能家电时，一定要小心消费陷阱。许多厂家在促销时会宣传诸多节能技术、节能理由，但是并不说节能的效果以夸大节能技术来迷惑消费者。因此，消费者在购买节能家电时应保持清醒的头脑，小心消费陷阱。最直接有效的方式，就是看看家电的能效标识上公示的信息。同时，我们也要意识到，不是说买了节能家电，以后

公共道德：知识与责任

不管怎么使用都能省电节能了，我们也要多加注意日常的使用方法，这样才能更有效地节能。

下面介绍几种常见节能家电的选购注意事项：

洗衣机：

洗衣机不但是居民家中用电大户，也是用水大户。因此，选购洗衣机应考虑省电、洗净能力强的洗衣机，主要可以从耗电量和耗水量进行比较。

洗衣机主要有 4 种：波轮式、滚筒式、搅拌式和 XQS 双动力洗衣机。洗衣机的耗电量取决于使用时间的长短，一般合成纤维和毛丝织物洗涤 3～4 分钟，棉麻织物洗涤 6～8 分钟，极脏的衣物洗涤 10～12 分钟。同样的洗涤周期，"弱洗"比"强洗"的叶轮换向次数多，电机会增加反复启动，而电机启动电流是额定电流的 5～7 倍。滚筒洗衣机的耗电量最大，但其耗水量却最小。搅拌式与波轮式洗衣机的耗电量相近，但两者的耗水量却远大于滚筒洗衣机。脱水转速高的洗衣机比较节水。对于全自动洗衣机而言，重要的是如何减少清洗用水。达到衣物正常含碱量，同时确保洗净度的一系列标准与洗衣机的脱水速度有着必然联系。以洗涤容量 5 千克的滚筒式洗衣机为例，转速为 1200 转/分的洗衣机比转速为 1000 转/分的少用水 8 升。

冰箱：

节能冰箱一般有以下几个主要特点：1. 采用高效压缩机。压缩机是冰箱的心脏，也是冰箱的主要耗能部件，采用高效压缩机是冰箱节能最为简单有效的措施；2. 应用节能新工质。冰箱的工作介质不同，则获得相同制冷量所需的功耗也有所不同，它直接关系到冰箱的制冷效果。如既环保又节能的 R600A 制冷剂，相对以前提高了很大的制冷效果；3. 达到较高的能效比。能效比是在额定工况和规定条件下，冰箱进行制冷运行时实际制冷量与实际输入功率之比。

冰箱能效比越高，在制冷量相等时节省的电能就越多。弄清楚节能冰箱的主要特点后，在选购时，我们还要看清冰箱对冷气的保护措施。采用了以上节能措施的冰箱在进入稳定工作后，其耗电量主要用于克服冰箱内的温度上升，以维持所需的低温。因此节能冰箱还应该有比较完善的冷气保护措施，如适当加厚隔热发泡层、改进发泡材料和工艺、改进门封结构等，以减少外界的热量传递。

空调：

选购一台节能的空调，可以减少每月的电费，同时，也可以降低能源消耗，为我国经济的发展贡献一份微薄之力。

选购空调时，首先，要考虑最适合房间大小的匹数，1 匹空调适合 12 平方米，1.5 匹空调适合 18 平方米，2 匹适合 28 平方米，2.5 匹适合 40 平方米。夏季空调温度设定在 26 摄氏度~28 摄氏度，这是人体最适宜的温度，不容易感冒，更是实实在在的节电。其次，可以考虑购买变频空调。变频空调的压缩机没有频繁的启停现象，定频空调则通过启停压缩机控制制冷、制热量。

启动时的耗电极大，所以定频空调耗电比变频空调大；变频空调还可以根据房间的需要调节输出的冷、热量，而定频空调只能以最大的能力输出，对能源造成浪费。

 **环保口号**

购买电器仔细挑，节能才是硬指标。

一天节约一度电，星星点点照千秋。

（三）节约用水从小事做起

水是人类和一切生物赖以生存的最基本的物质基础，我国拥有的淡水资源总量为 28000 亿立方米，占全球水资源的 6%，仅次于巴西、俄罗斯和加拿大，居世界第 4 位，但人均只有 2200 立方米，仅为世界平均水平的 1/4、美国的 1/5，在世界上名列 121 位，扣除难以利用的洪水泾流和散布在偏远地区的地下水资源后，中国现实可利用的淡水资源量则更少，仅为 11000 亿立方米左右，人均可利用水资源量约为 900 立方米，是全球 13 个人均水资源最贫乏的国家之一。

20 世纪 90 年代以后，我国一直面临着洪涝灾害、干旱缺水和水环境恶化这三大问题的困扰，其中洪涝灾害频发、干旱缺水十分严重，全国基本上 2 年左右就发生一次较大的旱灾。目前我国每年缺水量约 300 亿~400 亿立方米，由此造成我国每年工业产值减少 2300 亿元，每年农田受旱面积 700 万 ~ 2000 万公顷。据测算，我国每年缺水量相当于三峡水库蓄水至 175 米的总库容。全国 668 座城市中有 400 多座存在供水不足问题，其中比较严重的缺水城市达 110 个，全国城市缺水总量为 60 亿立方米。专家们警告："20 年后中国将找不到可饮用的水资源"。美国民间有影响的智囊机构——世界观察研究所发表的一份报告中称："由于中国城市地区和工业地区对水需求量迅速增大，中国将长期陷入缺水状况。"中国的黄河在过去的 10 多年，年年断流，其中 1997 年断流 226 天。流经中国一些人口稠密集地区的淮河去年也断流了 90 天。根据卫星拍摄的照片，数百个湖泊正在干涸，一些地方性的河流也在消失。目前全国 600 多座城市中，有 300 多座城市缺水，其中严重缺水的有 108 个。其中北京市的人均占有水量为全世界人均占有水量的 1/13，连一些干旱的阿拉伯国家都不如。

另一方面，据《中国可持续发展水资源战略研究报告》，到 2030 年全国城市工业用水和城市生活用水的总量将达到 1320 亿立方米，比现在增加近 700 亿立方米；国民经济需水总量将达到 7000 亿 ~ 8000 亿立方米；而实际的可用水资源仅有 8000 亿 ~ 9500 亿立方米，需水量已接近可利用水量的极限。水资源的供需矛盾已成为社会经济发展的主要障碍。

在水资源短缺的同时，我国水资源浪费现象却十分严重。就生产用水来说，在我国宁夏的一些地方，每亩水稻一年大约需要浇 2000 多立方米水，一亩小麦得 1200 多立方米水。中国农村普遍的水资源利用率只有 40% 左右。在宁夏，每千克大米耗水超过 2 吨。大水漫灌如果真的对庄稼有好处，倒也罢了，但事实上这种做法是引起土地盐碱化的最根本原因。

工业用水方面，我国炼钢等生产过程的单位耗水量比国外先进水平高几倍甚至几十倍。水的重复利用率不到发达国家的 1/3。

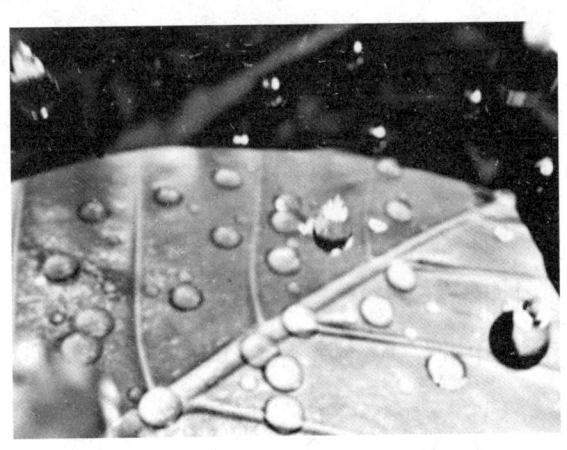

日常生活用水方面，水资源的浪费也触目惊心。一个龙头一秒钟漏一滴水，一年便浪费掉 360 吨。资料显示，我国城市水网管老化导致的跑、冒、滴、漏现象使水的损失率达 15% ~20%。

水资源的严重短缺要求我们要从点滴做起，节约用水。以下是一些常见的节水招数。

厨房用水：

清洗炊具、餐具时，先用纸擦去油污，然后进行冲洗。用洗米水、过夜茶清洗碗筷，可以去油，节省用水量。清洗蔬菜时，不要在水龙头下直接进行清洗，尽量放入到盛水容器中，并调整清洗顺序，如：可以先对有皮的蔬菜进行去皮、去泥，然后再进行清洗；先清洗叶类、果类蔬菜，然后清洗根茎类蔬菜，这样可以有效利用水。不用水来帮助解冻食品。不要用一大锅水来煮蛋。确保水龙头无漏水现象，如果有，可用装青霉素的小药瓶的橡胶盖剪一个与原来一样的垫圈放进去，可以保证滴水不漏。可用淘米水、茶水等浇花。

个人清洁用水：

洗手、洗脸、刷牙时可以间断性放水，不要将龙头始终打开。打肥皂时应关闭龙头；刷牙时，应在杯子接满水后，关闭龙头。减少盆浴次数，每次盆浴时，控制放水量，约 1/3 浴盆的水即可。收集为预热所放出的清水，用于清洗衣物。淋浴时，不要长时间开启喷头，可先打湿身体和头发，然后关闭喷头，再使用浴液和洗发水，最后一次清洗。淋浴时关掉龙头擦香皂，洗一次澡可节水约 60 千克。使用能够分档调节出水量大小的节水龙头。洗地板时用拖把擦洗，这样可比用水龙头冲洗每次每户可节水 200 千克以上。

洗衣用水：

集中清洗衣服，减少洗衣次数，尽量用洗衣盆洗；洗衣水洗拖帕、拖地板、再冲厕所。第二道清洗衣物的洗衣水擦门窗及家具、洗鞋袜等。减少洗衣机使用量，尽量不使用全自动模式，并且小件衣物用手洗。漂洗小件衣物时，将水龙头拧小，用流动水冲洗，并在下面放空盆收集用过的水，而不要接几盆水，多次漂洗。这样既容易漂净，又可减少用水总量，还能将收集的水循环利用。漂洗后的水，可以作为下次洗衣的洗涤用水，或用来擦地。

卫生间用水：

如果条件许可，选用新型的节水马桶。如果使用非节水型老式马桶，可以将一个盛满水的饮料瓶放到马桶的水箱中，以减少冲水量。不要向马桶内倾倒剩菜和其他杂物，避免因为冲洗这些杂物而造成的浪费。收集洗衣、洗菜、洗澡水等冲洗马桶。定期检查水箱设备，及时更换或维修，并且不要将洗洁精等清洁物品放入水箱中，这可能会造成水箱中胶皮、胶垫的老化，导致泄漏，从而造成浪费。

其他用水：

外出就餐，尽量少更换碟子，减少餐厅碟子的洗刷量，从而减少用水。养成随手关闭水龙头的好习惯。使用中水清洁车辆。不浪费喝剩的茶水和矿泉水，用来浇花。灌暖壶前不要随手倒掉里面的剩水，可与其他循环水收集在一起再利用。选择植物蜡无水洗车，既节水又有利于汽车养护。冬季注意对室外的水管进行防冻裂处理。收集雨水，加以利用。不向河道、湖泊里扔垃圾，不乱仍废旧电池，防止对自然水资源造成污染。

环保口号

节约用水、保护水资源，是全社会共同责任。

珍惜水就是珍惜您的生命。

（四）多用肥皂，少用洗涤剂

而今各式各样的洗手液、洗衣粉、洗衣液等洗涤剂鱼贯而涌，成为日常生活中不可缺少的用品。

然而，洗涤剂却不是那样完美。含磷洗衣粉中的磷酸盐能刺激水藻的过分增长，排放后，水藻在死亡时会因其自身有机物质使生态系统负荷过重，造成水体富营养化等，引发藻类过度生长，被磷污染的水域含有供水藻生长的丰富肥料，水藻的过分生长又造成氧耗竭，以致水域里的鱼虾因为无力与水藻争氧而死亡。被磷污染的江河湖海中，都会形成"死亡带"造成鱼虾大量死亡和水体污染。还有的洗衣粉加酶、加香、加增白剂等成分，这些化学物质也对人体有害，容易造成皮肤老化、粗糙，甚至还会引发皮肤过敏或皮疹。洗手液里多含碱，总用它来洗手，赤裸裸地接触手部皮肤，会让柔软的皮肤变得干燥和粗糙。洗洁精、柔顺剂以及洁厕剂等，大都是工业合成的，大多含表面活性剂和防腐剂，不仅对皮肤有害，用后排到江河湖海里还会造成污染。

而肥皂的主要成分是苯磺酸钠，是从动物和植物脂肪中提炼出来的，天然成分较多，对人体不会有害。肥皂使用后排放出去时，很快就可由微生物分解。所以相对来说，肥皂在生产和使用上，对环境的影响是轻微的。即使是香皂，也只是去除了肥皂中的一些杂质，加了点香料而已，所以香皂也是比较天然的洗涤品。所以，洗衣时尤其是洗内衣时，最好用肥皂；平日洗手，如果不是沾上特别难洗的污渍，不妨用香皂；刷碗或去污时，可带上橡胶手套，用热水加去污能力较强的碱就能去污；如果不是高级羊绒衫或丝绸类衣物用洗衣液，普通的衣物用肥皂稍加揉搓，即可透彻清洁。

因此，为了尽量减轻对环境的破坏，我们大家都应该多用肥皂，少用洗涤剂。

环保口号

保护水资源，保护水环境，防治水污染。
珍惜水，保护水，让水造福人类。

145

（五）拒绝使用一次性用品

一次性用品顾名思义就是用完了一次，它的使命就结束了，不能重复利用的东西叫一次性用品。它的范围很广，如快餐店里的快餐包装盒、筷子；我们用的一次性墨水笔、铅笔、纸巾；宾馆里的牙膏、牙刷、简易拖鞋，大人们用的一次性打火机、胶卷、雨衣；医院里用的一次性输液器；家庭中使用的一次性茶杯、塑料袋、一次性餐具、一次性桌布、一次性相机这些都称为一次性用品。

形式多样的一次性饭盒

"一次性"是方便和卫生的代名词，可它的另一面却隐藏着巨大的能源和资源浪费，同时也造成垃圾泛滥和环境污染。据有关部门统计，我国仅一次性塑胶泡沫快餐具全年消耗量就达4亿～7亿元。这些用聚苯乙烯、聚丙烯、聚氯乙烯等高分子化合物制成的各类生活塑料制品不易于分解处理，遇热水还会释放出有害物质，造成城市环境严重污染，而且不易腐烂，把它埋在地下，一百多年不会分解。如果把它焚烧，会产生很多浓烟释放出很多有毒气体；目前我国每年用掉的一次性筷子450亿双，消耗木材200万立方米，需要砍伐大约600万棵树，减少森林面积200万平方米。我国是一个有十几亿人口的大国，如果继续大量的使用一次性用品，对资源的浪费是巨大的，产生的废弃物也会带来无法预料的灾难。自20世纪20年代中期以来，欧美的四星、五星级高档宾馆已经基本放弃了房间中的一次性用品，以持续使用的固定肥皂液、洗浴液容器来替代。

网上有一则小故事，讲的是我们的东部邻国日本，日本是一个狭小的岛国，自然资源极其贫乏，因此，他们有极强的环境保护意识。他们的目光不局限于国内，而是投向了国外，不少日本人自愿报名，积攒休息日，乘飞机到中国，到中国来干什么？中国有许多名山大川，有许多世界级的自然遗产，但他们不是来旅游的，而是选择了去内蒙古植树，有的还带着子女一起来，还有的大学生打工挣钱来植树。他们是不是钱多得没处花？不是，他们觉得中国的土地沙漠化还得不到控制，终究有一天会危害到日本的环境。这说明他们的目光远大，他们已经意识到了问题的严重性。那么，我们从保护环境的角度出发，应该怎样来对待一次性用品呢？我们可以为保护环境、节约资源做些什么呢？

自觉不用或少用一次性筷子、一次性快餐盒、一次性塑料袋，外出购物尽量用布袋；外出旅游时，自备水壶装水喝，自带牙膏、牙刷、洗发液，少用纸杯、纸盘、塑料保鲜膜等，减少塑料饮料瓶等产生的垃圾；对纸张、铅笔等一次性文化用品要节约使用，不要大手大脚铺张浪费，将用过的信封，或贴新标签在内部传递时重复使用，或翻面后再用；用毛巾代替纸巾；少使用木杆铅笔，选择自动铅笔，尽量用钢笔，少用一次性圆珠笔。

 **环保口号**

留住绿色，留住美丽，为了我们的家更美好，请不要用一次性筷子。

不用方便筷，植树造绿荫。

（六）科学地处理垃圾

根据我国的实际情况，垃圾可以简单地分为农村垃圾和城市垃圾。

随着社会主义新农村建设步伐的不断向前迈进，我国广大农村在村容村貌上有了很大的改观，人民群众的生活水平和生活质量得到不断提高。然而，应该清楚地看到，在不少农村，依然存在垃圾随意堆放，脏乱等现象。这既影响我国的新农村建设，又危害广大农民的身体健康。农村垃圾成分一般为：厨房垃圾、纤维类、纸张、粉煤灰、"白色污染"、废电池、秸秆等。

堆积如山的生活垃圾

农村生活垃圾的危害首先表现在占用土地，损伤地表。由于处理水平尚未先进，农村采取了收集、清运、自然堆放的处理方法。这样就侵占了越来越多的土地，不仅直接影响农业生产，妨碍环境卫生，更可能破坏地表植被，破坏了其优美景观。

农村生活垃圾的危害还表现在污染土壤、水体、大气。固体废物以及渗出液会破坏土壤的生态平衡，降低土壤活力，如果进入了河流的话，水体极易被污染。

农村生活垃圾的危害更表现在危害人类的身体健康。固体废物中所含的有毒物质和病原体，通过各种渠道传播疾病；更能造成大多数地区蚊蝇滋生，老鼠猖狂。

农村生活垃圾之所以造成这种危害的主要原因是：我国农村基础设施建设还不完善，部分村民卫生观念比较落后，没有从思想上认识到垃圾可能给我们的生活带来的影响。目前，我国农村对垃圾的处理主要采取单纯填埋、临时堆放焚烧、随意倾倒三种处理方式。这些既污染了周围环境，又造成二次污染。

城市生活垃圾主要包括居民生活垃圾、商业垃圾、市政垃圾、建筑垃圾等。对于城市生活垃圾中的废纸、废金属、废玻璃、废塑料、废板材等物料应集中回收，一部分直接再用，一部分用作工业生产的原料投入再生产；对废砖、碎石、渣土等一部分用于填充矿坑等，一部分经过再加工生产各种砂浆、建筑砌块等；对于难以直接回收的有机质，通过堆肥转化为有机肥料，改良土壤；对采用填埋方式处理的垃圾，收集利用填埋气体，或者直接将有机垃圾厌氧发酵，生产沼气；对热值较高的垃圾，通过焚烧等处理方式，回收利用能源用于发电、供热。

垃圾问题已经是我们的生活中不容忽视的问题，因此，垃圾处理不仅仅是国家或者某一个人的事情，而是我们大家都应当注意的事情，因此，我们要掌握科学的垃圾处理技术。

填埋技术：

填埋是最原始最常见的城市垃圾处理技术，一般有露天堆放、自然填沟和填坑等方式，这些方式是最不卫生的做法，是病虫、病菌的繁殖之地，危害人体健康，并且污染空气、水源和影响市容，已被许多国家禁止。可是，我国城市生活垃圾有相当部分仍是露天堆放和自然填沟。卫生填埋是将垃圾在选定的合适场所，填埋到一定高度后，加上覆盖材料，（以免鼠、虫鸟等前来吃垃圾，传播病菌）让其经过长期的物理、化学和生物作用达到稳定状态。但此法使用时间有限，且侵占了宝贵的土地资源、浪费了垃圾中宝贵的可回收资源，地下水系统受到了污染的威胁。

堆肥技术：

垃圾堆肥技术是将有机垃圾送入机械消化机中，利用微生物在合适的条件下对城市生活垃圾中的有机物进行降解，使之变成稳定的腐殖土。将其中的有机可腐物转化为土壤可接受且迫切需要的有机营养物，为农业提供适当的腐殖土，解决土壤板结问题，并维持了自然界物质的良好循环，基本实现垃圾的无害化、资源化，变废为宝，具有很好的前景。但是这种垃圾处理技术应以垃圾分类为前提。因为从垃圾处理和利用角度看，未经分拣的垃圾成分相当复杂，仅仅靠机械筛分的办法，许多有害物质就会随着堆肥产品进入土壤，从而造成二次污染。

焚烧技术：

焚烧是发达国家普遍采用的一种垃圾处理方法，焚烧处理是指在高温（1200 摄氏度）条件下，垃圾中的可燃成分与空气中的氧进行剧烈的化学反应，放出热量，转化成高温的燃烧气和量少而稳定的固体残渣，同时杀灭病毒细菌的方法。优点是能显著地减容、节省填埋场空间，可以进行余热回收利用或发电。但焚烧产生的烟气含有大量环境污染物，如二恶英有毒气体（二恶英是一类急性剧毒物质，其毒性是氰化钾的 1000 倍以上，即使在很微量的轻情况下长期摄取也可引起癌变、畸形等顽症），尽管从理论上讲焚烧炉内温度达 850 摄氏度以上，二恶英便可分解，但要做到垃圾焚烧炉的持续稳定运行亦非易事。因此必须采取措施尽量避免或减少此类物质的排放，防止对环境造成新污染。从整体上看，我国采用焚烧技术尚处于起步阶段。焚烧技术的设备工艺和技术复杂严格，一次性投资巨大，而且如果解决不好排烟净化问题，很容易使得垃圾这种固体污染转化成气体污染。

在日常的家庭生活中，我们应该将垃圾分类处理。比如，把玻璃、陶质一类的瓶罐放在一起，铁、铝、合金一类的瓶罐放在一起；报纸、废纸和纸箱一类的垃圾放在一起；食品一类的垃圾用垃圾袋装好。一般垃圾必须将口封好，在固定的时间将垃圾放在固定的地点。同时我们也要懂得变废为宝。比如，一些漂亮的瓶子可以作为花瓶；广告纸的背面可以作为便条纸和书画纸；易拉罐里面放入豆子可以作为乐器等。

环保口号

看到垃圾要捡起，乱丢垃圾不文明。

保护环境，请不要乱丢垃圾。

七、穿衣戴帽要环保

服装是环境的"产物"之一，是人类在某种特定的环境和时空条件下为着生存与发展所作的力所能及的选择或行为的模式。服装的创造源于人的精神与物质的需要。一件衣服从生产、加工和运输过程到最后被使用淘汰，要消耗大量的能源，同时产生废气、废水等污染物。因此，我们在穿衣戴帽方面也要注重环保。

（一）添置衣物要适量

一件衣服从生产、加工和运输过程到最后被使用淘汰，要消耗大量的能源，同时产生废气、废水等污染物。

根据国内外纺织产品能耗对比表，生产 1 吨棉纱耗电 2248 度，相当于 854 千克标煤；100 米棉布的生产耗能为 29.93 度电，相当于 11.37 千克标煤，另根据纺织行业每米布折合成千克数的计算公式（千克数＝米重×幅宽×米数），以米重为 0.3 千克/平方米，幅宽为 1.6 米为一般情形，则 100 米棉布折合成 4.8 吨棉布，所以，每吨棉布生产耗能约为 2.37 千克标煤。生产各种化纤原材料或布的每吨能耗在 900～11000 千克标煤之间。

每人每年少买一件衣服（重 0.5 千克）折算后相当于减少的

生产标煤量为 $0.0005 \times 5 \times 1000 = 2.5$（千克），约折合为 1.5 千克碳，或是 5.7 千克二氧化碳。在保证生活需要的前提下，每人每年少买一件不必要的衣服可节能约 2.5 千克标准煤，相应减排二氧化碳 6.4 千克。如果全国每年有 2500 万人做到这一点，就可以节能约 6.25 万吨标准煤，减排二氧化碳 16 万吨。

因此我们要少买不必要的衣物，适量的添置衣物，不要在添置衣物上毫无节制，看到别人穿什么，不管是不是适合自己都要买，这样做不仅是资源的浪费，也会给自己造成一定的经济压力，这就要求我们衣着上要自然。

衣着上的自然意味着我们要适量添置衣物，因为买得太多会浪费自己的和地球的资源。特别是要买使用率高或是品质高的。衣着有自己的见解和风格，不跟风，买太多时装，过了季节就穿不了的。多选购无漂染衣物和天然纤维制成的衣物。多穿不用烫仍然得体的衣服，例如 T 恤，可以省电。可把旧衣服改装翻新，既省钱又省资源，多穿二手衣服，例如哥哥姊姊给弟妹。干洗衣服耗用化学物质污染环境，可免则免。

环保口号

聪明穿衣，节能省钱更爱地球。

节俭朴素，人之美德。

（二）不过分追求穿着时尚

追求时尚，追赶潮流已成为人类生活的发展趋势，走在繁华的都市，琳琅满目的时尚用品只会叫人应接不暇。对于某些人来说，"时尚"这个名词更是意义深远，追求时尚已不再是为了自我展示，而变成了一种身份、地位的象征。爱美之心人皆有之，古人云："三分天注定，七分靠打扮"，在社会交往中，一个人的穿着打扮更是显得尤为重要，一方面是对自我风貌的体现，二来更是对别人的尊重，这样的"打扮"当然是无可非议的。然而，过分地追求时尚就会给人带来格格不入的感觉，反而感觉有些本末倒置了。

自然的才是最美的，不追求华丽却怡然大方，不过度装饰却自然淡雅，当然，这也是个人所好问题，生活在不同的环境中，人们的思想、理念也会截然不同。但大家可曾想到过，追求时尚的同时，我们生活的环境也为此付出了沉重的代价。

服装、鞋子也是追求时尚的主流产品，尽管生产服装和鞋子之类的生活用品比不上重工业对地球产生的损害大，但为市场提供流行样式也的确导致了一些生态影响。如棉花种植者是世界上最大的农药和水的使用者之一，一些毛料和皮革来自过度放牧地区的牲畜，并且纺织厂常常使用作为危险品登记的工业染料。至于合成纤维，它主要来源于石化工业，不仅穿起来舒适程度要差一些，而且对环境的损害也更大一些。如合成纤维的原料——石油，是远古时动植物所吸收和集聚的太阳能，是一种不能再生的能源；在生产合成纤维的过程中，需要一系列的化学反应和非同一般的高温燃烧，会污染空气或水源；合成纤维在使用丢弃后，因为难以降解，还会给环境造成压力。

因此，青少年大可不必打扮得花枝招展，慧于中方能秀于外，所以青少年的着装应与自己的身份、形象相和谐。总的来说，学生装具有简单、大方的特点，体现自然、朴实之美，适用于集会、课堂、演讲等正规场合穿着；运动装具有柔软、宽松的特点，体现洒脱、刚强之美，适用于体育课、运动场等场合穿着；休闲装具有舒适、随意、多姿多彩的特点，体现活泼、潇洒之美，适合于再大自然中娱乐和休闲时穿着。

 环保口号

人的外表的优美和纯洁，应是他内心的优美和纯洁的表现。

时尚易逝，风格永存。

（三）不买野兽皮毛制作的服装

许多野生动物遭到人们的商业性开发，由于被认为"皮可穿、羽可用、肉可食、器官可入药……"便被肆意捕杀，导致灭绝。每一个珍贵野生动物制品的背后都有一幕血淋淋的悲剧，也

许野生动物制品的使用者不曾亲手屠杀过动物，但如果购买了野生动物制品，就变成了间接的屠杀者。

网上有这样一个故事：一个女孩的母亲买了件狐皮大衣，却引起女儿伤心的联想，因为书上说，母狐每产约5～8只幼狐。她便作了一幅画，画上有一群可怜巴巴的小狐狸张着大嘴向女孩哭诉：你妈妈为了穿裘皮大衣，把我们的妈妈杀了！后来，这幅画被选入国际儿童环保绘画比赛，组委会特为它印制了海报。海报上有一行醒目的大字：你的妈妈穿了一件裘皮大衣，100多只小野兽却失去了妈妈！可想而知，穿野生动物毛皮制作的服装，其背后是多么悲惨的情境呀。购买野生动物制品的举动，无异于鼓励谋财害命之恶行。

值得庆幸的是，目前，全球很多文明国家都开始抵制兽皮服装，这也是人类生态道德意识觉醒的表现。"只有野兽有权穿裘皮"，我们都应该从我做起，拒绝野兽毛皮制作的服装。因此我们在穿衣戴帽上要注重自然、保护环境，首先就要在购买衣服上不购买野兽皮毛制作的服装。

环保口号

保护野生动物，就是保护人类自己。

保护野生动物，实现人与自然和谐共处！

（四）佩戴饰品要环保

临床上将佩戴金属首饰引发的接触性皮炎叫首饰病，通常是指有过敏体质的人接触到一些金属如镍、铬等引起的过敏反应。其主要表现为瘙痒感和灼热，还可出现红斑、丘疹等，在临床表现上，症状较轻的患者仅仅表现在首饰与皮肤接触的部位，如颈部、手腕、手指处有过敏症状；而症状较重的患者则会出现全身过敏反应，先是皮肤红肿，接着开始起小丘疹、长水泡，如不及时治疗则有可能发生病变。

仿真饰品的危害到底来源于哪？首先是仿真饰品本身不是纯金纯银，要想让首饰光泽鲜亮，必须在表层涂一层镍，而镍可对人体产生辐射，会导致皮肤与金属接触处皮肤出现过敏等症状。另外，加工仿真饰品的原材料本身不环保。

我国现有的法规中没有明确规定饰品环保的问题，致使许多小厂家将回收的电子垃圾用于生产。生产出来的这些饰品含有大量的铅、镉、镍，其中镉是危害最大的。镉是一种致癌的物质，镍对人的神经系统有影响，铅能引发皮肤过敏和中毒，这是一直被人忽视的问题。

对于仿真饰品国家相关标准中并没有明确规定，但从 GB 11887—2002《首饰、贵金属纯度的规定及命名方法》中提到：用于耳朵或人体的任何其他部位穿孔，在穿孔伤口愈合过程中摘除或保留的制品，其镍在总体质量中的含量必须小于 0.5‰；与人体皮肤长期接触的制品如：耳环、项链，手镯和手链，戒指、手表表壳、表链、拉链等与皮肤长期接触部分的镍释放量必须小于 0.5 微克/平方厘米/星期；上述制品如表面有镀层，其镀层必须保证与皮肤长期接触部分在正常使用的 2 年内，镍释放量小于 0.5 微克/平方厘米/星期。除了上述所列明的，其他同类制品必须达到同样要求，否则不得进入市场。

目前对仿真饰品中有害成分超标理论上可以检测，但由于这些仿真饰品价格都很低廉，大大低于需要检验的费用，所以没有消费者愿意花几倍的检测费用来检测，并且，由于人体体质不同，对金属过敏的反应也不同，有的仿真饰品可能镍释放量在国家标准范围内，但还是会有人佩戴以后过敏。

但无论怎样，仿真饰品中都含有镍等有害成分，长期佩戴会对人体产生损害。广大爱美女性平时要谨慎购买和佩戴仿真首饰，即使佩戴，时间也不宜过长。一般情况下，因首饰造成过敏反应的患者只要停止佩戴首饰，使用一些治疗皮肤病的外用药就可以治好。但在临床上，若是皮肤反复受到炎症刺激，皮肤细胞则容易发生恶性病变，有可能引发癌症。

由此可见，我们在佩戴饰品时要注重环境保护，这不仅是有利于环境的事，也是有益于我们自身健康的事。

环保口号

关爱生命健康，倡导环保时尚。

美好的生活从环保开始。

（五）选购绿色服装

绿色服装又称生态服装、环保服装。它是以保护人类身体健康，使其免受伤害为目的，并有无毒、安全的优点，在使用和穿着时，给人以舒适、松弛、回归自然、消除疲劳、心情舒畅感觉的纺织品。绿色服装必须包括三方面内容：生产生态学，即生产上的环保；用户生态学，即使用者环保，要求对用户不带来任何毒害；处理生态学，是指织物或服装使用后的处理问题。

国际上已开发上市的"绿色纺织品"一般具有防臭、抗菌、消炎、抗紫外线、抗辐射、止痒、增湿等多种功能。这类产品在我国还属初创阶段，已经推出的主要以内衣为主，但由于这类纺织品具有特定有益人体健康的功能，因而较受消费者欢迎。生态服装则以天然动植物材料为原料，如棉、麻、丝毛、皮之类，它们不仅从款式和花色设计上体现环保意识，而且从面料到纽扣、拉链等附件也都采用无污染的天然原料；从原料生产到加工也完全从保护生态环境的角度出发，避免使用化学印染原料和树脂等破坏环境的物质。"环保风"和现代人返璞归真的内心需求相结合，使生态服装正逐渐成为时装领域的新潮流。

目前的服装环保标志中，以"生态纤维制品标志""天然纤维产品标志"两个影响力最大、最权威，因此我们在选购绿色服装时要认准这两个标志。两个标志均为在国家工商总局商标局注册的证明商标，受到《商标法》和有关法规双重保护。两个标志的发证单位——中国纤维检验局是全国最高纤维检验管理机构，直属国家质量监督检验检疫总局领导。其所属的国家纤维质量监督检验中心具有国内一流及国际领先的检测设备及技术水平。

两种标志的使用范围、品牌品种、使用期限、数量都有严格的规定，申领这两种标志必须经过严格的审批。产品质量须经严格的现场审核和抽样检验，检验项目除包括甲醛、可萃取重金属、杀虫剂、含氯酚、有机氯载体、PVC 增塑剂、有机锡化合物、有害染料、抗菌整理、阻燃整理、色牢度、挥发性物质释放、气味等 13 类安全性指标外，还要求产品的其他性能如缩水率、起毛起球、强力等必须符合国家相关产品标准要求。而且，企业使用两种标志情况由中国纤维检验局及其设在各地的检验所实行监控。中国纤维检验局每年定期召开多次"全国生态纤维制品管理监控质量工作会议"，根据监控中发现的问题，及时总结、改善、提高管理监控质量。

生态纤维制品标签证明商标是以经纬纱线编织，成树状图形，意为"常青树"，生态纤维制品是绿色产品，拥有绿色就拥有一切。天然纤维产品标志证明商标由 N、P 两个字母构成图形，N 为英文 Natural 的第一个字母，意为"天然"；P 为 Pure 的第一个字母，意为"纯"。天然纤维产品标志证明商标，证明其产品的原料是天然的，质量是纯正的。如果产品拥有生态纤维制品标签，消费者就可以在纸吊牌、粘贴标志、缝入商标处看到这种树状图形。

环保口号

追求绿色时尚，拥抱绿色生活。

珍爱生命，保护环境，造福人类。

（六）捐赠旧衣物

穿旧了的衣物，自己穿不了，扔了又太可惜。然而同一片蓝天下，我们生活的衣食无忧，却还有许多人衣不蔽体，更为让人难过的是这些人中有那么多还是在学习年龄的孩子们，不管是刮风下雨、酷暑严寒，即使是重病在身，他们也都只能是一件那么单薄的衣服。也许有人会觉得这跟自己有什么关系，这是政府需要关心的事情，我没有必要为这个担心。但是把旧的衣物捐赠出去，不仅是我们爱心的一种体现，也可以避免衣物的浪费，何乐而不为呢。因此我们不要把自己穿旧的衣物丢弃，不要让穿旧的衣物腐烂，要变废为宝，把穿旧的衣物捐赠出去。

家里收拾出不再穿的旧衣、包、鞋、书等等在捐赠前要清洗干净并晒干。用纸箱或不透明的布袋装好，最好先把衣物先分装进塑料袋再装进纸箱或布袋，因为这样可以避免衣物在邮寄过程中被雨水淋湿，然后拿到邮局或货运公司邮寄给需要的地区。

捐赠衣物时要注意几点：尽量捐赠素净点的衣物，适合农村生活的，不要太时髦。御寒衣物为主，尽量少寄夏天的衣服。如果有棉被，床单等也需要。具体可以是：棉衣、羽绒服、绒衣、毛衣、外套棉纱衣裤、保暖内衣、衬衣、长袖 T 恤棉裤、毛裤、绒裤、牛仔裤、长裤棉鞋、旅游鞋、休闲鞋、袜子、围巾、帽子、手套。衣物请不要有破洞，不要有明显的污渍，扣子、拉链、鞋带要完整无缺，贫困山区买这些服装配件也很困难。旧衣物要消毒清洗干净后晒干。

环保口号

同建绿色温馨家园，共享清澈碧水蓝天。

还地球一片净土蓝天，让人类永远幸福美满。

163

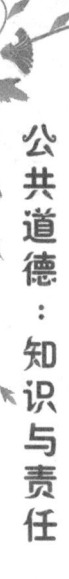

八、餐饮中的环保

正所谓"民以食为天"，粮食在我们生活中的地位是至关重要的，因此，我们在饮食上也要注意环境保护。这首先需要我们节约粮食，除此之外，还包括食用肉类要适量，拒食野生动物，不乱采乱食野菜，少用罐装食品、饮品，选购大瓶、大袋装食品。

（一）节约粮食

1986 年的第五次世界粮食调查的结果是：112 个发展中国家1979～1981 年有 3.35～4.49 亿人处于营养不良状态。联合国人口活动基金组织 80 年代初宣称，当时世界谷物产量可以养活 60亿人。但就在同一时期，全世界人口只有 45 亿左右，可是却有4.5 亿人挨饿。1995 年，世界人口增长到 57 亿，挨饿人口数字增加到 10 亿。1972 年，由于连续 2 年气候异常造成的世界性粮食歉收，加上前苏联大量抢购谷物，出现了世界性粮食危机，联合国粮食及农业组织于 1973 年和 1974 年，相继召开了第一次和第二次粮食会议，以唤起世界、特别是第三世界注意粮食及农业生产问题。但是，问题并没有得到解决，世界粮食形势反而更趋严重。据当时预测，在 80 年代世界粮食仍将趋向短缺。联合国粮食及农业组织大会关于世界粮食日的决议，正是在世界粮食供求矛盾日趋尖锐的背景下作出的。粮食问题、吃饭问题，已经成为世界性的话题。

我国人口众多。世界上平均每五个人中就有一个中国人。根据 2000 年人口普查统计，我国人口已达 13 亿。而我国的耕地面积呢？仅仅占世界耕地面积 7%，却养活着占世界 22% 的人口。有人打过这样一个比方，12 亿人口的嘴加在一起，比世界上最大的广场——天安门广场还要大。这真是一张大嘴！光是每年新增加的 1500 万人就要吃 50 亿千克的粮食！吃饭问题无疑已经成为我国第一个大问题。我们是否为我国这一最大的问题忧虑过呢？

可喜的是，我们早已解决了旧中国几千年没法解决的人民吃饭问题。我们应该为之自豪！但是，透过下面的数字，我们也应该看到，沉重的人口包袱不仅使吃饭成为一个大问题，而且也影响着我国社会主义建设的速度。

有这么一组数据。2000 年我国谷物、棉花，肉类的产量均占世界第一位。可是按人口平均，人均有粮食仅 362 千克，比世界平均水平还低，甚至低于一些发展中的国家。更令人感慨的是，新中国的今天不是比一千多年前的唐宋王朝不知多了多少倍吗？可是由于人口猛增，人均占有粮食竟比唐宋时代还少了 200 多千克。

在日常生活中，浪费粮食的现象仍然随处可见。也许你并未意识到自己在浪费，也许你认为浪费这一点点算不了什么，也许你仍然以为我们祖国地大物博……可是事实真的是这样的吗？我国是一个人口大国，种种的浪费现象如果继续下去的话，其后果是很严重的！13 亿人口，全世界人口的 1/4！如果每人每天浪费 1 元，一年全国就浪费了 4745 亿元；如果每人每月浪费 500 克粮食，一年全国就浪费了 65 万吨粮食；如果每人每月浪费 1 吨水，一年全国就浪费了 156 亿吨水！积沙成堆，积水成河。如果我们每天都能够节约一点点的话，就不会出现这些巨大的浪费了！

面对这样的国情，作为伟大祖国的一分子的我们，应该懂得爱惜粮食、节约粮食，从我做起，从现在做起，用实际行动，为党为国家分忧。节约粮食、为国分忧，是我们每个公民应尽的义务。浪费粮食是一种可耻的行为，甚至从某种意义上说是"犯罪"。在长征途中，有许多革命先烈因饥寒交迫而死；3 年自然灾害，多少人被饿死，何况，即使是现在，世界上还有多少挨饿的嘴巴在苦苦挣扎着。我们要什么理由去浪费粮食，有什么理由不去节约粮食呢？

我们要有节约的意识，更要有节约的行动。对于青少年来说，节约粮食的行动就表现在不扔剩饭菜；在餐馆用餐时点菜要适量，而不应该摆阔气，乱点一气。不攀比，以节约粮食为荣，以浪费粮食为耻。订餐适量，避免剩餐，减少浪费。吃饭时吃多少盛多少，不扔剩饭剩菜。看到浪费现象勇敢地起来制止，尽力

166

不浪费一粒粮食

减少浪费。做节约宣传员，向家人、亲戚、朋友宣传浪费的可怕后果。不偏食，不挑食。到饭店吃饭时，不摆阔气，点饭点菜不浪费，有剩余的带回家。积极监督身边的亲人和朋友，及时制止浪费粮食的现象。

 环保口号

珍惜粮食就是热爱生命。

饮水要思源，吃饭当节俭。粒粒盘中餐，皆是辛苦换。

（二） 肉类食物要适量

肉类食物（简称肉类），是人类饮食中最重要的一类食物。它的原料为各种动物身上可供食用的肉及一些其他组织，经过不同程度及方法的加工，成为不同种类的肉类食物。常见的肉类包

167

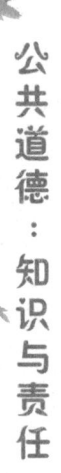

括猪肉、牛肉、羊肉以及鸡肉。肉类食物主要的营养价值是提供蛋白质，同时还提供脂肪及一些矿物质和维生素。

肉作为食物，在人的一般概念中，享有一种特殊的地位。较之谷类、蔬菜、水果等其他类的主要食物，肉类往往被认为是更为高级也更为难得的食物，古代和近代乃至 20 世纪前半叶尤其如此；而进入 20 世纪后半叶，肉的消费量在许多社会中，比起过去已有很大幅度的增长。

肉类食物中，人食用最多的是畜肉和禽肉这两种。提供畜肉的家畜主要是猪、牛以及羊；提供禽肉的家禽主要是鸡、鸭以及鹅。一般来说，人食用畜肉的量远大于禽肉，这应该是由于兽类的体型远大于禽类的缘故，故而能产生更多的肉。

肉类几乎是最普遍受人喜爱的食物。其营养丰赡，味美，使人更能耐饥；长期食用，还可以帮助身体变得更为强壮。此外，人食用肉类食物，可以刺激消化液分泌，助于消化。

但是，经过研究，科学家们发现肉类因为含有致癌物 N－亚硝基化合物、亚硝酸盐、杂环胺、多环芳烃化合物、激素、环境毒素而增加多种癌症尤其是肠癌、胃癌、食道癌、胰脏癌、乳腺癌、肺癌的风险。

儿童性早熟也与过量食用肉类有关，据报道：天津市儿童医院内分泌科门诊，每月都要接待不少带孩子来治疗性早熟的家长，这些孩子五六岁就变声或乳房发育，出现生理性月经。家长感到既可怕又不可思议。医学上将男性儿童 10 岁以前，女性儿童 8 岁以前出现第二性征称为性早熟。有一位母亲找到内分泌科主任，告知她不到 6 岁的儿子已出现第二性征，母亲说平时十分注意，从不给孩子盲目进补，连吃药都很小心。但当医生询问她儿子的日常饮食时，发现这个孩子特别爱吃"炸鸡"，天天不离，究其原因，很可能就出在偏食上！一些家长认为吃肉就有营养，"洋快餐"肉量大、儿童容易接受，长期过量食用，肯定会对生长发育造成负面影响。

在"洋快餐"诱导下，我国居民饮食结构严重"西化"。1988～1998 年中国肉食消费量增长了 1 倍，国内经济发达地区人均达 46 千克/年，接近发展中国家平均消费量的 2 倍，超过了韩国和日本，成为亚洲保持东方饮食习惯的国家之首。根据 2005 年初商务部提供的信息：目前中国居民猪肉人均占有量已经名列世界第一，达到 33 千克/年，超过世界平均水平。2002 年，全国城镇居民人均消费的肉类中，牛、羊、禽肉占 37%，农村人均消费的肉类中，牛、羊、禽肉占 21.5%。

肉食消费的增加似乎标志人民生活水平的提高，然而单纯以肉类消费来评价营养状况却是短视的，因为从生态学和经济可持续发展的角度看，过量肉食危及民族生存！众所周知，生产 1 斤猪肉和禽类需投入 5 倍和 3 倍的粮食，一亩地产的草用来养牛，能生产 1 磅动物蛋白质；而种黄豆可生产 17 磅优质植物蛋白；吃肉比豆类需要的土地多 16 倍。家畜养殖业的耗水量是种植蔬菜、谷类用水量的 8 倍，其对生态环境的污染并不亚于工业污染。因此"95%的食品安全问题来自动物性食物"的论断，是每个人应当牢牢铭记的！2006年5月29日，荷兰国家公共卫生和环境局发布报告指出："不健康的饮食习惯每年造成13000名荷兰人因患糖尿病、心脏病和癌症而死亡；肥胖每年使8000名荷兰人因患心脏病和癌症死亡。对健康造成的危害与吸烟一样严重！荷兰大多数严重疾病和死亡病例都是因饮食结构不合理造成的，这使荷兰人平均预期寿命缩短1.2年。而增加鱼、水果、蔬菜的食用量，减少饱和脂肪和反式脂肪的摄入量，可以挽救许多生命。"

营养学家经常呼吁：目前，中国人吃肉太多。吃肉都有什么危害呢？除了猪、牛、羊等红肉中脂肪含量过高外，肉类中还含有嘌呤碱，这类物质在体内的代谢中会生成尿酸。尿酸大量积聚，会破坏肾毛细血管的渗透性，引起痛风、骨发育不良等疾病。最新的研究还表明，过量吃肉会降低机体免疫力，使人体对各种疾病难以抵抗。

按照合理的饮食标准，每人每天平均需要动物蛋白44～45克。这些蛋白除了从肉中摄取外，还可以通过牛奶、蛋类等补充。因此，每天最好吃一次肉菜，而且最好在午餐时吃，肉量以200克左右为宜。再在早餐或晚餐时补充点鸡蛋和牛奶，就完全可以满足身体一天对动物蛋白的需要了。

超出正常需求的肉类不仅造成身体和心理的负担，还增加了对环境的破坏和污染。多吃肉就要养更多的家畜、家禽，耗费更多的资源，饲养场中大量的家畜家禽粪便还污染地下水源。饲养家畜要消耗掉 2/3 以上的耕地；地球上人为产生的甲烷中，畜牧业占 16%。肉类的生产、包装、运输和烹饪所消耗的能量比植物性食物要多很多，其对引发地球温室效应所占人类行为的比重达 25%。每人每年少浪费 0.5 千克猪肉，可节能约 0.28 千克标准煤，相应减排二氧化碳 0.7 千克。如果全国平均每人每年减少猪肉浪费 0.5 千克，每年可节能约 35.3 万吨标准煤，减排二氧化碳 91.1 万吨。过度放牧牛羊还是造成全球荒漠化的最主要原因之一。所以，对于肉类的消费要节制和适度，不要既给环境造成压力，又给自己的身体造成负担。

环保口号

保护生态环境，造就秀美山川。

人类靠环境生存，环境靠人类保护。

（三）拒绝食用野生动物

我国地域辽阔，具有多种自然环境和气候条件，动植物资源丰富，是世界生物物种最丰富的国家之一，共有哺乳类动物 499 种、鸟类 1186 种，爬行类动物 376 种，两栖类动物 279 种，鱼类 2084 种，分别占世界同类动物种类的 12.5%、13.1%、6.0%、7.0%、12.1%。但现在已经有 1431 种动植物处于濒危或接近濒危状态，如犀牛、高鼻羚羊、新疆虎、野马、豚鹿、叶猴、冠麻鸭等 10 多种珍贵动物已经灭绝或基本绝迹。另外大熊猫、金丝猴、长臂猿、海南坡鹿、东北虎、华南虎、亚洲象、野骆驼、白鳍豚、朱鹮、黑颈鹤、黄腹角雉、扬子鳄等 20 多种珍稀动物濒临灭绝。《国家重点保护动物名录》公布的珍稀濒危野生动物 405 种。中国的环境问题很大的根源是中国的人口问题，13 亿人口的庞大基数带来的消费需求是十分巨大的。再无限制的捕猎，野生动物就没有生存的空间了。据报道，中蒙边界的黄羊等野生动物稍有风吹草动（不过其实草是很少有的了，土地已经大部分成为沙漠戈壁），就往地广人稀的蒙古境内跑。简直如同天方夜谭，这是多么可悲的一件事。

人与野生动物发生最早的联系只是因生存进行的抵御和狩猎。从此，人类对野生动物的侵犯开始了。远古时代的人类用石器、木棒为武器，我们从教科书的插图上就看到过，多少个人围攻一头野兽，还常会有人员的伤亡。生产能力极为低下，只能维持基本的生存，对自然的影响和破坏也实在是微乎其微。进而进入封建时代，在狩猎手段上，主要使用冷兵器，远程不过弓箭，猎捕能力有限，猎虎只是武松等勇士的荣耀。那是人们对大自然满怀畏惧的时代。

现代工业文明的发展，人类用机器"征服"大自然，使用现代兵器可以让一个手无缚鸡之力的人轻而易举的进行屠戮。20 世纪 50 年代末，在青海省海西蒙古族藏族自治州野马滩几个人就可以用机枪围杀近10万的野驴，造成至今也无法恢复正常的局面——这在古代是不可想象的。这种对自然的破坏力是多么的可怕。又如在江南乡村里，我们能够见到一两个农民用电瓶在河浜里一段一段的仔仔细细电过去，大小鱼虾无一幸免，比涸泽而渔还要可怕，简直是生态毁灭，很多违法的野生生物贸易在公然进行，有些地方，受到法律保护的濒危物种被摆上铺面堂而皇之地销售。消费者在购买时意识不到自己已经违反了相关的法律，更重要的是，他们往往并不知道自己可能正在把一个濒危的物种推向灭绝的深渊。

很多消费者对野生生物贸易还不了解，当他们去购物的时候往往不知道自己的消费跟野生生物有关，也不清楚自己的行为会对这些生物的野外种群造成什么样的影响。

另一些情况下，人们捕食野生动物并不再是为了果腹。有些动物被看做"珍馐美味"，或是富有营养的"滋补品"，蛇肉、鹿肉、穿山甲肉、鱼翅、鲍鱼等等被摆上餐桌，这其中很多都是受到法律保护的濒危物种，它们很可能由于人类的口舌之欲而永远从地球上消失。幸好越来越多的人认识到"吃野味"并不是什么值得夸耀的时尚行为。2008年北京奥运会所有对外接待酒店一致承诺不提供鱼翅等食品。

众所周知，现在产于中国的野生动物越来越少了。野马、高鼻羚羊、麋鹿等10余种动物已经完全绝迹，而大熊猫、长臂猴、老虎、野象、白鳍豚等十几种野生动物正面临灭绝的趋势！由于一小部分的人的无知、贪婪、愚昧，到处捕杀动物使得地球生态不平衡，造成了不可估量的损失！

自然界的变化和人类的人为活动也是有关系的，如战争、资源开发、人口增长及农村城市化等，造成了生存环境恶化，使得动物资源又一次遭到严重的破坏，濒危的野生动物日益减少。人们随意破坏生态平衡，大量捕杀动物，把捕到的猎物一一卖给饭店、宾馆、酒楼等，然后做成菜，再以高价卖给食客进行食用。饭店、宾馆、酒楼就为了钱杀死了这么多无辜的生命，满足某些人的嗜好。人们啊，醒醒吧！保护动物也就是保护我们自己。杜绝乱捕乱杀，让我们和动物生活在同一片蓝天下。

保护野生动物，人人有责，让我们从小做起，从我做起，从我们身边做起，保护野生动物，关心野生动物，让更多人都能投到保护野生动物的行动中来。

拒绝吃野生动物，不买野生动物制品，善待生命。世界完全属于人类，更多地，应该属于比我们更早存在在这个世界上的野生动物，所以，为了我们共同的世界，让我们一起拒绝进食野生动物，保护自然环境，留给自己一个生存的空间！

 **环保口号**

保护野生动物，维护生态安全！
野生动物是人类的朋友！

（四）不乱采乱食野菜

近年来，野菜成了餐桌上的佳肴，深受人们喜爱，不但在集市上购买，还亲自到公园及郊外的绿地去采集。大部分人认为这是绝对的"绿色食品"。其实不然。我们知道，绿色植物对于大气具有净化作用，不但吸附空气中的尘埃颗粒和固体悬浮物，而且对空气和土壤中的有害气体和化学成分具有过滤和富集作用。测验表明，工厂附近草本植物中硫元素的含量是空气中的几倍甚至十几倍，许多重金属元素的含量也是如此。现在，大部分城市污染严重，很少能找到纯净的野菜。我们食用了这些受污染的野菜，对身体危害很大，严重的还会引起食物中毒，特别是城市人口密集地区、工厂和居民区附近以及受污染的河流、水体附近的野菜更不能食用。

除此之外，挖野菜时将植物连根掘起，再加上人们的践踏，不但植物第二年不能生长，对植被也产生了破坏。所以，我们不应该盲目追求"时髦"，也不要只图个人口腹之快而无视自然环境的脆弱，不要乱采摘、食用野菜，避免对环境和自己的身体造成伤害。

大自然千奇百怪，许多色彩鲜艳、姿态娇媚的植物，竟有着不可忽略的毒性，虽然颜色和是否有毒并不成比例。我们在采摘和食用时，一定要谨慎小心。下面简介一些不能食用的有毒野菜。

狼毒草：又叫断肠草。高 0.5 ～ 1 尺，根浅黄色，有甜味。叶片呈线形，花黄、白或紫色。吃后会呕吐、烧心、腹痛不止，严重的可造成死亡。

狼毒草

毒芹：又名野芹菜、白头翁、毒人参。生长在潮湿地方。叶像芹菜叶，夏天开花。全棵有毒，花的毒性最大，吃后恶心、呕吐、手脚发冷、四肢麻痹，严重的可造成死亡。

野生地：花紫红色或有黄色，形状像唇形的芝麻花。根黄色，叶上有毛，有苦味。吃后吐、泻、头晕和昏迷。

毒蘑菇：种类繁多，常见有毒伞、褐鳞小伞、白毒伞、黑包脚伞、内绿菌、褐脚伞、残托斑毒伞、鬼笔等 8 种，均为腐生，形状特殊，像小笔、小伞。颜色鲜艳，有白色、红色、黄色等。要说明的是，蘑菇的颜色、外形、生态等特征与其毒素没有必然的联系。民间有许多关于毒蘑菇和可食蘑菇的识别方法只能作为参考而并非绝对。蘑菇中毒率非常之高，要格外注意。

曼陀罗：曼陀罗又叫洋金花、大喇叭花、山茄子等，多野生在田间、沟旁、道边、河岸、山坡等地方，茎粗壮直立，株高 50 ～ 150 厘米，全株光滑无毛，有时幼叶上有疏毛。上部常呈二叉状分枝。叶互生，叶片宽卵形，边缘具不规则的波状浅裂或疏齿，具长柄，单叶互生，花两性，花冠喇叭状，五裂，多少唇形。吃后口、咽喉发干，吞咽困难，声音嘶哑、脉快、瞳孔散大、谵语幻觉、抽搐等，严重者进一步发生昏迷及呼吸、衰竭而死亡。

但自然界中也有一些可以食用的野菜，这些野菜有利于人的身体健康。

马齿苋

马齿苋：又名马齿菜、马齿草、五方草，一般为红褐色，叶片肥厚，象倒卵形。它含有蛋白质硫氨酸、核黄素、抗坏血酸等营养物质。由于其中含酸类物质比较多，所以吃的时候会觉得稍有些酸味。马齿菜的药用功能是清热解毒、凉血止血，能降低血糖浓度、保持血糖恒定，对糖尿病有一定的作用。

荠菜：在田边地头，经常能看到星星点点的荠菜花。它的食疗作用是凉血止血、补虚健脾、清热利水。春天摘些荠菜的嫩茎叶或越冬芽，焯过后可凉拌、蘸酱、做汤、炒食，荠菜水饺、荠菜馄饨是春天餐桌上不可缺少的美味，另外还可以做成鲜美的荠菜粥。

婆婆丁：又名蒲公英，它的花粉含有维生素、亚油酸，枝叶中则含胆碱、氨基酸和微量元素。婆婆丁的功能是清热解毒，消肿、利尿，具有抗菌的作用，能激发机体的免疫功能，达到利胆和保肝的作用

金银花：又称银花、忍冬花、双花。我国大部分地区均有分布。夏季晴天早晨采收，晾晒干燥备用；或用鲜品味甘，温，无毒。未成毒则散，已成毒则消，将死者可生，已坏者可转。用于感冒风热，发热咽痛，或温病初起，温热病热毒未解；暑热烦渴，或痱子瘙痒、灼热；痈肿、疖、疔，红肿热痛；热毒泻痢。现代又用于高血脂症。泡茶，煎汤，制成露等。

苦菜：苦菜又名苦苣菜，茎呈黄白色；叶片为圆状披针形，表面绿色，背面灰绿色；花鲜黄色。苦菜中含有丰富的钾、钙、镁、磷、钠、铁等元素，能清热、消肿、化淤解毒、凉血止血。苦菜对急性淋巴细胞性白血病、急性及慢性粒细胞白血病都有抑制作用。苦菜嫩叶可采食，生吃略带苦味，用开水烫一下制熟，苦味可除。苦菜可炒肉、做汤，或加些大豆粉做成小豆腐吃，亦可沸水烫后蘸面酱食用。或做麻酱拌苦菜、苦菜粥等。

黄瓜香：也称"荚果蕨""小叶贯众"，俗称"广东菜"，属球子蕨科植物，多生于灌木丛林下或林缘地带。因这种野生植物具有一股黄瓜的清香味而得名。黄瓜香作为一种野生蕨类，一般在每年的 5~6 月间采集，采集时要选择嫩绿不开卷且无异味者。黄瓜香清香适口、营养丰富，食用方法很多。

柳蒿芽：柳蒿别名柳蒿菜、水蒿、白蒿等，为菊科多年生草

本植物，其嫩茎叶可食用。野外采集一般在 5～6 月份进行，采后用水焯一下，去掉苦味即可炒食、蘸酱或做馅、做汤。

环保口号

绿色是生命之源，绿色是人类之根。

合理利用自然资源，有效保护生态平衡。

（五）少买罐装食品、饮品

世界范围内日益膨胀的包装消费，在饮料工业中表现得最为明显。尽管在许多地方，自来水非常纯净且容易得到，但自来水的饮用量占全部饮品量的比例逐年下降。美国人饮用的罐装饮料比来自水龙头的水还要多，如果饮料容器被重新灌装而不是扔掉，那么饮料消费并不会导致太大的环境影响。不存在本身对自然界特别危险的饮料，带来麻烦的主要是它们的包装方式。

消费者们正以日益上涨的速度饮用啤酒、汽水、瓶装水和其他装在一次性容器中的饮品。为了盛装饮品每年制造和扔掉了至少 2 万亿个瓶子、罐头盒、纸箱和塑料杯。美国是罐装饮料的头号消费者，美国以罐头的形式扔掉的铝几乎比其他 7 个发达国家为各种目的所消耗的铝还要多。在日本，制造饮料罐是增长最快的使用铝的行业。可见包装饮料和罐装食品消耗了大量的能源和资源。我国此项消费起步较晚，希望国人在引进发达国家先进技术的时候不要效法这种已经证明为有害的消费形式。

少买罐装食品和饮品，这不仅有益健康，也是节能的好习惯。自制饮料既简单又实惠，最重要的是，它可以减少各种各样的罐装饮料的资源浪费，但并非所有的自制饮料都对人的身体健康有利，有些饭店的自制饮料添加的添加剂过多，反而对身体有害，因此追求绿色生活的新时尚人士青睐的是家庭自制的健康饮料。家庭自制的健康饮料不仅可以减少罐装饮料的包装垃圾，同时也有利于人身体的健康。鲜果汁、鲜菜汁常常能解除体内堆积的毒素和废物，鲜果汁或鲜菜汁进入人体消化系统后，会使血液呈碱性，把积存在细胞中的毒素溶解，并排出体外。下面，我们就介绍几种家庭自制的健康饮料。

1. 补充能量饮料：西红柿 + 胡萝卜 + 蛋黄奶昔

喝一杯这种饮料能让人恢复体力，因为由维生素 A、维生素 D、维生素 E 组成的混合物和许多矿物质能迅速补充人体消耗掉的能量。

原料：400 克去皮的西红柿，200 克胡萝卜，1 个蛋黄，辣椒酱，胡椒粉，盐。

制作方法：将所有原料放入搅拌器中压榨成汁，倒入玻璃杯，然后再加调料饮用。

2. 洁体饮料：菠萝 + 酸菜混合饮料

这种饮料含有许多有利于健康的乳酸菌的酸菜能起到通便、促进代谢的作用，每天一杯能清洁身体。

原料：半个菠萝，2 个橙子，200 毫升酸菜汁，少许柠檬汁。

制作方法：将菠萝切成块，榨取橙汁，然后与酸菜汁和柠檬汁一起加入搅拌器中，如果太酸就加些蜂蜜。

3. 杀病毒饮料：芹菜 + 胡萝卜奶昔

这种饮料能保护人们不受细菌和病毒传染。它含有丰富的胡萝卜素和维生素 C，能使人头脑清醒和保持活力。

原料：6 根胡萝卜，半棵芹菜，4 个橙子，3 勺奶油，少量盐和胡椒粉。

制作方法：胡萝卜和芹菜去皮后切成小块，把橙子压榨成汁。然后把所有东西连同奶油统统倒入搅拌器，用盐和胡椒粉来调味。

4. 矿物饮料：黄瓜 + 酸奶饮料

这种饮料含有多种维生素和丰富的矿物质，能使皮肤和头发变得柔顺、漂亮。

原料：半根色拉黄瓜，2 个橙子，200 毫升酸奶，200 毫升矿泉水，2 勺麦芽。

制作方法：黄瓜去皮，切成小块，将橙子压榨成汁。然后把橙汁与黄瓜块加入搅拌器，并倒入酸奶、矿泉水和麦芽。

5. 苗条型饮料：香蕉 + 豆腐奶昔

豆腐热量少，易饱，是理想的减肥辅助食品，一杯饮料能代替一顿饱餐。

原料：2 根香蕉，75 克豆腐，250 毫升矿泉水，1 杯捣碎的冰块，2 茶匙蜂蜜。

制作方法：把豆腐切成块，并将其与香蕉、矿泉水和冰一起倒入搅拌器，制成后加上蜂蜜。

环保口号

保护碧水蓝天，营造绿色家园。

环境与生命共存，环保与健康同在。

（六）选用大瓶、大袋装的食品

在经济消费时代，人们日益重视商品浮华的包装了。商品的过分包装，加重了供养人们的自然界的生态负担和消费者的经济负担。据统计，在工业化国家，包装废弃物几乎占家庭垃圾的 1/2；包装工业在英国使用了 5% 的能源，在德国使用了 40% 的纸张，在美国使用了将近 1/4 的塑料。在美国，消费者对食品包装的开支一般达到甚至超过了农民的纯收入。并且

许多包装纯粹是装饰性的，而人们为此却要付出沉重的环境代价，如将只能保存一个星期的西红柿和青椒装进能持续一个世纪的发泡塑料盘中出售。

近来，我国的商品市场也讲究起这种包装来了。我国人口众多，资源匮乏，更不能提倡这种包装方式。而选用大瓶、大袋装食品，一方面可以减少消费者个人因包装而增加的经济负担，一方面更减少了因过度包装可能带来的环境损害。

 **环保口号**

保护绿色摇篮，你行，我能！

当绿色褪去，就意味着人类走向命运的低谷。

九、减少"行"的污染

衣食住行是人们生活中不可或缺的，随着人们生活水平的提高，人们选择的出行方式越来越多，出行造成的污染也越来越严重，因此，我们要减少出行的污染，就要先从自身做起。

（一）尽量乘坐公共交通工具

目前，全世界的汽车保有量已超过6亿辆，全世界每千人拥有汽车110辆。全世界的汽车保有量以每年3000万辆的速度增长，预测到2010年全球汽车数量将增到10亿辆。中国的汽车保有量已超过1000万辆，并以每年10%的数量增加。如此多的车辆，给我们生活带来方便和舒适的同时也给环境、道路建设带来了巨大的问题和压力。道路建设必然占用大量的人类赖以生存的土地和树林，而在环境问题上更是给人类带来了不可估量的危害。

在车辆不多的情况下，大气的自净能力尚能化解车辆排出的毒素。但眼下已车满为患，交通拥堵成为家常便饭，汽车本应具备的便捷、舒适、高效的特点却被过多的车辆逐步抵消。"汽车灾难"已经形成。

科学分析发现，汽车尾气中有上百种不同化合物，当中污染物有固体悬浮微粒、一氧化碳、碳氢化合物、氮氧化合物、铅及硫氧化合物等。一辆轿车一年排出有害废气比自身重量大3倍，并且汽车在不断消耗着地球的资源。机动车的燃料消耗成为无情吞噬石油资源的无底洞。目前，汽车使用的汽油约占全球汽油消费量的1/3。

汽车在大量消耗资源的同时，其排放的尾气会严重影响人类健康。汽车尾气中的一氧化碳与血液中的血红蛋白结合的速度比氧气快 250 倍。所以，即使有微量一氧化碳的吸入，也可能给人造成可怕的缺氧性伤害。轻者眩晕、头痛，重者脑细胞将受到永久性损伤；氮氧、氢氧化合物会使易感人群出现刺激反应，患上眼病、喉炎，尾气中氮氢化合物所含苯并芘是致癌物质，它是一种高散度的颗粒，可在空气中悬浮几昼夜，被人体吸入后不能排出，积累到临界浓度便激发形成恶性肿瘤。

美国洛杉矶的居民，在 1943 年发现空气中有一种微白的薄雾，有时带有黄褐色，刺激人眼疼痛和流泪，这种薄雾日趋严重，但直到 10 年后才找到真正的祸首——汽车。1955 年和 1970 年洛杉矶又两度发生光化学烟雾事件，前者有 4000 多人因五官中毒、呼吸衰竭而死，后者使全市 3/4 的人患病。汽车排放的废气，在每年 5～10 月份的强烈阳光作用下，形成光化学烟雾，引起眼病、喉头炎和头疼，还降低了大气能见度，使车祸和飞机坠毁事件增加。如今，汽车废气的治理已取得相当的成功，但数量的急剧增长，使汽车仍是城市大气污染的主要来源。据报道，近年国内某些大城市也出现过光化学烟雾污染。

汽车污染大气的同时还对周围环境形成噪声污染，2001 年交通噪声污染就占整个环境噪声总量的 20.1%，而车辆密集区域的噪声比例远大于此。我国人口众多，而随着经济的发展，又有越来越多的人拥有了私家车，这无疑对城市的空气质量是一个重大挑战。对此，全国各地政府都出台了相关措施解决这一问题。如北京等地实行的单双号出行政策，公交车降价政策等，都是为了鼓励大众更多的选择公共交通工具出行。与此同时，汽车的燃料石油已经消耗过量，减少私家车就是节约了能源。以英国为例，大约1/4的二氧化碳排放量来自运输业，公路运输又占了其中的绝大部分。所以保护环境，更好的办法就是使用公共交通工具。倡议能乘地铁、公交车，一定尽量不开或少开私家车出行。如果你家住在距离工作地点5千米范围内，并且有公交车站，乘坐公交车将比你开车到单位还要省时间。

中国人口多土地少，若建立一套如美国那样以汽车特别是私车为中心的运输体系的话，侵占耕地，加剧人口过剩，给多数人带来的只能是灾难。提倡乘坐公共交通系统对世界各地的人们都是大有好处的。面对车多道塞，污染严重的城市，人们不得不调转回头，重新选择公共交通。研究表明，完成一次同样的出行，使用公交车与小汽车所占用的道路面积比为1：7；而一列地铁或轻轨可同时解决500~600人的出行，相当于减少125~150辆轿车的使用量。所以在目前巨大的交通压力下，应优先选择大运量、高效率的公共交通工具。

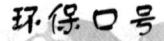

环保口号

绿色出行，公交优先。

绿色交通，从我做起。

（二）倡步行，骑单车

有资料显示，汽车排放的一氧化铅，可在空气中停留至少10天，也能够渗透至土壤中，影响作物生长，停留在人体内的时间更长，达20年之久，如积存在人体的分量超过安全标准，会造成怀孕流产或早产等。铅积存在人体过多，会破坏血液细胞，造成肌肉痉挛，伤害神经系统，影响儿童甚至成人的智力。除了一氧化铅外，汽车和摩托车尾气中还存在一氧化碳、氮氧化物、苯并芘等有害物质，当这些第一次污染物在阳光（紫外光）作用下发生光化学反应生成第二次污染物后，参与光化学反应过程的一次污染物和二次污染物的混合体就会形成烟雾污染，俗称光化学烟雾。光化学烟雾成分复杂，它们对人及动物的伤害主要表现在眼睛和黏膜受刺激、头痛、呼吸障碍、慢性呼吸道疾病恶化、儿童肺功能异常等。

有规律的步行会帮你慢慢地、稳定地减掉多余的脂肪。调查

显示，每周 3 次，每次多走 4000 步会帮你在 3 个星期内减掉 1 千克左右的体重。步行不但可以减肥，使腿部肌肉耐力进步，维持体重不会肥胖，甚至还帮助睡眠稳定，并增强心肺功能，在做事上也更有耐力与耐性。出行时，如果距离不太远，采用步行，可以减少由于乘车带来的能源消耗和环境污染。

自 1969 年以来，自行车因其健身、休闲、环保等优势，作为物美价廉的交通工具，普及程度一直在提高。由于对空气污染、交通堵塞、二氧化碳排放和土地缺乏等等的担心，以及在今后几年粮食短缺形势的严峻，自行车将因其节省土地和稳定气候的长处而更受欢迎。如果距离不是很远，或时间不是很紧的情况下，步行更有利于环保外，而且更有利于身心的健康和调适。

自行车在我国是一种很普通又十分便利的交通工具，人们在上下班和郊游时都经常用它。据近年来研究的结果表明，骑自行车和跑步、游泳一样，是一种最能改善人们心肺功能的耐力性锻炼。

环保口号

倡导绿色交通，引领健康生活。

关爱生命，文明出行。

(三) 多走楼梯，少乘电梯

城市的快速发展，面对人口越来越多、土地越来越少的现实，房子也越盖越高，大家住进高楼里，出门都习惯选择电梯，楼梯往往被大家所忽略。然而走楼梯事实上是既节约资源又能锻炼身体。在西方，更有人将爬楼梯称之为 "享受上楼"，人们利用走楼梯的机会进行锻炼。

据运动医学专家的测定结果，走楼梯时消耗的热量比静坐时多 10 倍，比散步多 3 倍，比步行多 1.7 倍。美国斯坦福大学的一项研究表明，登一级楼梯，可以延长寿命 4 秒钟，同时，每周登 5000 级楼梯的人的死亡率比那些不运动的人要少 25% ~ 33%。让环保从我们脚下开始，走出文明，走出健康。

最早提倡走楼梯的是美国健康学家威肯尼·库珀，他认为走楼梯这种有氧健身运动有利于锻炼人的肌肉和全身耐力。

此后，更多的研究表明，经常走楼梯不仅可以增强下肢肌肉和韧带的耐力，保持下肢关节的灵活性，而且对发展腰腹肌、增强下肢力量、提高心血管和呼吸系统机能十分有效，对增强神经系统的灵活性，和协调性也有很大益处。

环保口号

多走楼梯，少用电梯，"双赢"令你开心愉快。

节约能源，从我做起。

（四）倡导绿色旅游

21世纪，"绿色"被视为一种文明的标志，受到全球人类的崇敬、爱戴和保护，也是在这样一种普遍的"绿色崇拜"氛围下，绿色经济、绿色消费、绿色营销、绿色GDP等在全球范围内掀起一股"绿色革命风暴"，绿色旅游也在其中。旅游业以其巨大的发展潜力被誉为"永远的朝阳产业"，21世纪的旅游业，"返璞归真，回归大自然"已成旅游新潮。

绿色往往用来比喻"环境保护""回归自然""生命"等内涵，而绿色旅游只是一种比喻的说法，是用来指导旅游业在环境管理方面的发展方向。它可以理解为与可持续开发旅游、生态旅游类似的概念，即指在为社会提供舒适、安全、有利于人体健康的产品的同时，以一种对社会、对环境负责的态度，合理利用资源，保护生态环境。绿色旅游中融入了可持续发展理念，贯穿了人地和谐相处的思想。因此，绿色旅游是指包括旅游者、饭店、景点管理者、旅行社和导游在内的旅游参与者在整个旅游过程中的各个环节都必须尊重自然、保护环境。绿色旅游是以认识自然、保护自然、不破坏自然生态平衡为前提的，是经济发展、社会和谐、环境价值的综合体现，它需要经营者和旅游者共同提高环保意识。

绿色旅游作为一种新的旅游形态，具有观光、度假、休养、科学考察、探险和科普教育等多重功能。对旅游者来说不仅是享乐体验，而且也是一种学习体验，不是单纯地利用自然环境，而是依靠自然和旅游的并行关系在对自然带有敬畏感和环保意识的基础上进行的旅游，它增加了旅游者与自然亲近的机会，深化了人们对生活的理解。

在绿色旅游的实践中要做到无污染旅行，只要在安排交通、准备饮食、设计活动时按照生态智慧的原则来进行就可以实现。使用最少污染的交通工具。尽量少用过分加工及包装的食品饮品。尽量不带用完即弃的物品。带走一切带去的物品，绝不留下垃圾。尽量不生火。不干扰野生生物，不捕猎或采摘植物。不干扰当地居民的生活。保持宁静，尽量不使用唱机或扬声器。尽量少带高科技产品。遵守旅游景区管理当局的指示，注意防火。选择适合各人体力与兴趣的路程及目的地，搜集景区及各旅游点的设施资料。进行益智又充分享受大自然的活动，例如写生、观鸟、参观农场、玩集体游戏。一边享受自然美景，一边运动身体，例如骑车、散步、玩太极、气功、瑜伽。使用多次可再用的容器，例如午餐盒、水壶，减少一次性的纸或塑料餐具。吃新鲜的食物，减少罐头或其他包装好的饮食。多吃蔬菜水果、干果及果仁，少吃肉。尽量自己炮制食品及饮料，例如面包、糕点、果汁、茶等。享受天籁，减少人为的噪音，欣赏大自然的宁静气氛。

环保口号

走进绿色旅游，感受生态文明。

时尚清新，绿色出游。

（五）不随地吐痰

一个人的肺和支气管有了毛病，就会咳出许多痰来。痰很脏，它含有吸入的尘埃，体内排出的细菌、病毒、真菌、寄生虫卵等病原体以及呼吸道和肺部的病理坏死组织，如脱落的细胞、血、脓性分泌物、结核干酪坏死物等。这些东西里含有大量的病原微生物，如结核杆菌、葡萄球菌、链球菌、肺炎双球菌、百日咳杆菌等等。随地吐痰，痰液干燥后病菌就会随灰尘到处飞扬，散布在空气里。苍蝇叮爬了痰液之后，再爬到食物上去，食物就会受到污染。健康人吸入了带有病菌的空气，吃了苍蝇爬过的食物，就可能染上种种疾病。

有人听说不能随地吐痰，就把痰吞到肚里去，这是很不好的。痰中细菌到了肠胃，可能引起肠胃道的种种疾病，肠结核病就是其中的一种。有人把痰吐到阴暗的角落里，以为不让人看见就没事了，其实结核菌之类的细菌，在阴暗潮湿的地方活得更久，害人的时间也就更长。有人把吐在地上的痰，用鞋底擦掉，以为这样就不妨碍公共卫生了；其实痰里细菌很小很小，擦是擦不死的，这样不仅不能减少传播疾病的机会，随着走路，鞋底还会把病菌散布到四面八方。

其实，中国人跟"随地吐痰"的斗争经历了漫长的岁月。1985 年 5 月，北京正式对随地吐痰依法罚款。2003 年"非典"期间，上海更将随地吐痰的罚款额升至 200 元。但随着"非典"过去，随地吐痰却"春风吹又生"了。这是因为中国人一向对公共环境缺少责任感。梁启超先生也说，"中国人自古以来私德盛，而公德弱。"因此，即便看到别人随地吐痰，虽然很气愤，人们也顶多侧目而视，很难挺身而出来谴责。再者，随地吐痰就像"渴了要喝水""困了要睡觉"一样，成了很多人的习惯。而想改掉一个根深蒂固的习惯，难度极大。

随地吐痰既然是顽疾，改起来就需要我们付出足够多的时间和耐心。

　　首先，我们要加强我们的公德建设。随地吐痰是素质低的表现，这影响到整个国家的文化修养。随地吐痰是种耻辱，是和随地大小便一样的耻辱。

　　其次，有了痰应该吐出来，这是毋庸置疑的，但我们要注意讲究卫生，尤其是在出行时，身边没有痰盂，可把痰吐在手帕里，回家后用肥皂洗净，煮沸消毒晒干后再用，或者把痰吐在废纸上，包起来扔入垃圾桶。我们一定要牢记不能随地吐痰的公德意识，为了使我们的生活环境更清洁，身体更健康，生活更美好，一定要注意讲究卫生，养成不随地吐痰的好习惯。

 **环保口号**

　　地上少吐一口痰，人人健康无传染。
　　随地吐痰不潇洒，害人害己害大家。

　　承担"保护环境、拯救地球"的责任，其实就在我们的生活细节中。为了春天还可以让我们衬着蔚蓝澄澈的天空仰望盛开的杏花和玉兰的自然；为了利奥波德笔下几十年前还曾有数百种鸟雀共栖一树婉转啁啾的自然；为了沟壑万千、百川入海、磅礴浩瀚、婀娜娇艳，"万类霜天竞自由"的自然，为了我们的子孙后代的子孙后代……让我们从一点一滴做起，从身边的小事做起。